현직 회계사와 함께하는

회계
첫걸음

현직 회계사와 함께하는

회계

정도희 지음

첫걸음

좋은땅

회계가 뭐예요?

왜 알아야 하나요?

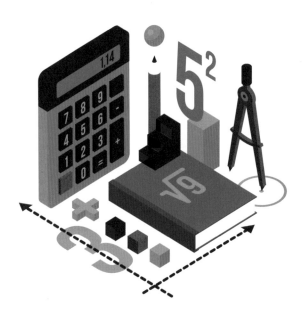

"회계"라는 단어를 사전에서 검색해보면

> [명사]
> 1. 나가고 들어온 돈을 따져서 셈하는 것.
> 2. 개인이나 기업 따위의 경제 활동 상황을 일정한 계산 방법
>   으로 기록하고 정보화하는 것.

이라고 나옵니다.

이러한 회계를 우리 모두가 왜 알아야 할까요?

주변에서도 "회계"라는 단어만 보고 고개를 젓는 분들이 있습니다. 회계 업무를 담당하지 않거나 괜히 회계는 어렵다고 느껴지거나 숫자가 싫다거나 등등 회계를 멀리하는 이유들은 다양할 텐데요. 하지만 회사가 운영되는 처음부터 끝까지 모든 시점은 회계와 관련되어 있다고 볼 수 있습니다.

"회계"란 '특정의 경제적 실체에 관하여 이해관계를 가진 사람들에게 합리적인 경제적 의사결정을 하는데 유용한 재무적 정보를 제공하기 위한 일련의 과정 또는 체계' 라고 정의하기도 합니다. 결국엔 기업의 경영활동을 누구든지 읽고 해석할 수 있는 언어로 풀어내는 것을 회계라고 볼 수 있습니다.

기업에서 의사결정을 하기 위해서 또는 개인이 의사결정을 하기 위해서 기업 경영 활동, 경영 성과를 나타내는 수치, 즉 회계언어를 읽을 줄 아는 능력이 어느 정도는 필요합니다.

그렇기 때문에 회계를 담당하지 않거나 전공자가 아니더라도 최소한의 회계 지식은 갖춰야 합니다.

그래서 이 책에서는 꼭 알아야 하는 최소한의 회계 용어, 회계 지식을 공유하려고 하고 기업의 경영활동, 경영성과가 기록되어 있는 재무제표를 어떻게 읽어야 하는지에 대해서 최대한 쉽게 풀어보려고 합니다.

차 례

제 1 장

회계의
첫걸음
시작하기

회계를
구분해보자

회계는 정보 이용자 유형에 따라 재무회계, 관리회계, 세무회계로 구분할 수 있습니다.

관리회계는 내부이해관계자인 경영진에게 유용한 정보를 제공하고 보고하는 목적으로 이용됩니다. 따라서 특정

한 양식, 기준이 있는 것은 아니고 예산관리, 원가관리 등 특정 항목에 초점을 맞추고 작성되는 경향이 있습니다.

재무회계는 외부이해관계자인 투자자, 채권자 등에게 유용한 정보를 제공하고 재무제표라는 보고 양식을 갖추고 있습니다. 기업마다 다양한 형태로 작성하게 되면 외부 이해관계자들의 이해가능성에 한계가 있을 수 있기 때문에 재무제표 작성을 위한 원칙에 따른 회계기준이 정해져 있고 이 회계기준에 맞추어 작성하도록 하고 있습니다.

세무회계는 과세당국을 위한 회계 유형입니다. 법인세 산출을 할 수 있는 정보를 제공하고 세법에 근거하여 작성됩니다.

이렇게 정보 이용자 유형에 따라 회계를 분류할 수 있고 이 책에서는 재무회계 위주로 다루어 보겠습니다.

회계
순환과정

회계 거래를 식별하고 기록해서 재무제표를 작성하고 정보이용자에게 보고하는 과정이 매년 반복되어 회계의 순환과정이라고 합니다.

회계 순환과정의 주요 단계는 아래와 같습니다.

회계를
기록하다

앞에서 회사가 운영되는 처음부터 끝까지 모든 시점은 회계와 관련되어 있다고 했습니다.

하지만 모든 거래가 회계적 거래에 해당하지 않을 수 있습니다. 회계적 거래는 기업의 재무 상태에 직접적으로 영향이 있어야 합니다. 즉 가치를 측정할 수 있어야 해요.

예를 들어, "주식회사 ABC가 거래처에 상품을 주문했다"라는 사건은 회계적 거래에는 해당하지 않습니다. 그러나 "주식회사 ABC가 거래처에 상품을 주문하고 200,000원을 현금으로 지급했다"라는 사건은 상품 주문에 대해서 대금을 지급하면서 거래를 200,000원으로 측정할 수 있게 되었고 이를 회계적 거래라고 볼 수 있습니다.

"주식회사 ABC가 2명의 직원을 채용했다"라는 사건도 역시 회계적 거래에는 해당하지 않습니다. 그러나 "주식회사 ABC가 2명의 직원을 채용했고 이번달 월급으로 1,000,000원을 이체했다"라는 사건은 대금이 지급되면서 재무 상태에 영향이 있고 1,000,000원이라는 금액으로 측정이 가능하기 때문에 회계적 거래라고 볼 수 있습니다.

앞에서 설명했던 거래를 식별하고, 인식 단계에서 거래에 영향을 받는 계정과목을 파악하고 금액을 측정합니다.

계정과목은 발생한 거래를 기록하기 위해서 정해야 하는 내용인데 앞에서 들었던 예시로 다시 보면 "주식회사 ABC가 거래처에 상품을 주문하고 200,000원을 현금으로 지급했다"라는 거래에서 찾을 수 있는 계정과목은 "상품", "현금" 입니다.

이와 같이, "주식회사 ABC가 2명의 직원을 채용했고 이번달 월급으로 1,000,000원을 이체했다"라는 거래에서 찾을 수 있는 계정과목은 "급여", "예금" 입니다.

이러한 거래를 계정과목과 함께 기록하는 방법은 2가지가 있습니다.

단식부기와 복식부기인데요, 여기서 부기는 거래를 장부에 옮겨 적는다는 의미입니다.

단식부기는

거래내용을 수입 또는 지출 중 하나만 장부에 기록하는 방법입니다.

"주식회사 ABC가 거래처에 상품을 주문하고 200,000원을 현금으로 지급했다" 라는 거래를 예로 본다면
현금: 상품구입 (200,000) 이렇게 표기할 수 있습니다.
"주식회사 ABC가 2명의 직원을 채용했고 이번달 월급으로 1,000,000원을 이체했다" 라는 거래에서는
예금: 급여지급 (1,000,000) 이렇게 표기됩니다.

단식부기는 기록이 간단하다는 장점이 있지만, 수입과 지출에 대한 금액만 기입하다 보니 거래양이 많을 때는 상품이 얼마나 증가했는지? 급여가 얼마나 지급되었는지? 거래를 쫓으며 확인하기가 어려운 단점이 있습니다.

복식부기는

거래내용을 원인과 결과로 나누어 장부에 양쪽으로 기록하는 방식입니다.

다시 "주식회사 ABC가 거래처에 상품을 주문하고 200,000원을 현금으로 지급했다"라는 거래를 예로 보면 "상품 구입"이라는 원인과 "현금 지급"이라는 결과를 기록하는 것입니다.

기록을 한다면 "상품의 증가 200,000원"과 "현금의 감소 200,000원"이 기록되겠죠.

"주식회사 ABC가 2명의 직원을 채용했고 이번달 월급으로 1,000,000원을 이체했다"라는 거래에서는 "급여 지급"이라는 원인과 "예금의 감소"라는 결과를 기록해야 합니다.

"급여의 지급 1,000,000원"과 "예금의 감소 1,000,000원"이 기록되겠죠.

이렇게 복식부기를 하게 되면 원인과 결과를 구분해야 하는 데에서 번거로운 단점이 있지만 나중에 상품이 얼마나 증가했는지? 급여는 얼마나 지급되었는지? 원인과 금액을 쉽게 파악할 수 있는 장점이 있습니다.

분개(Journal entry)는

식별된 거래를 파악된 계정과목과 금액에 따라 양쪽으로 기록하는 것입니다. 이 때 등장하는 용어가 차변과 대변입니다.

차변에 기록할 계정은 왼쪽에 대변에 기록할 계정은 오른쪽에 기록합니다.

다시 위의 예를 가져와 보겠습니다.

"주식회사 ABC가 거래처에 상품을 주문하고 200,000원을 현금으로 지급했다"라는 거래에서 "상품의 증가 200,000원"이라는 원인과 "현금의 감소 200,000원"이라는 결과가 있고

이를 (차변) 상품 200,000 / (대변) 현금 200,000으로 기록하는 것이 분개입니다.

그리고 "주식회사 ABC가 2명의 직원을 채용했고 이번달 월급으로 1,000,000원을 이체했다"라는 거래에서는 "급여의 지급 1,000,000원"이라는 원인과 "예금의 감소 1,000,000원"이라는 결과가 있고 이를 (차변) 급여 1,000,000 / (대변) 예금 1,000,000으로 기록하는 것이 분개입니다.

주식회사 ABC

회계에도
기본공식이 있다

이렇게 차변(debit, Dr)과 대변(credit, Cr)으로 나누어 양쪽으로 거래를 기록했을 때 차변금액과 대변금액은 항상 일치해야 합니다. 이 내용을 회계용어로는 '거래의 이중성(*)', "대차평균의 원리(*)"라고 하는데요,

(*)거래의 이중성: 항상 동일한 금액이 원인과 결과가 되어 회계등식 양쪽에 동일한 영향을 미치게 되는 거래의 성질

(*) 대차평균의 원리: 모든 거래는 동일 사실의 양면, 즉 대차관계이므로 대변과 차변에 동시에 동일 금액이 기록되어야 한다.

한 거래를 양쪽으로 기록을 하는 원리이기 때문에 차변과 대변이 금액이 동일해야 하는 거겠죠, 이렇게 복식부기 형태로 분개를 하게 되면 양쪽에 기록된 금액이 같아야 하기 때문에 혹시라도 불일치하는 경우 오류가 있음을 검증할 수 있게됩니다.

차변 대변을 알고 나면 또 알아야 하는 공식이 있습니다. "자산 = 부채 + 자본" 입니다.

수익, 비용까지 대입해서 표를 만들어 보면 아래와 같습니다.

차변	대변
자산 비용	부채 자본 수익

차변에는 자산의 증가, 부채의 감소, 자본의 감소, 비용의 증가, 수익의 감소
대변에는 부채의 증가, 자본의 증가, 자산의 감소, 수익의 증가, 비용의 감소

이렇게 기록해 줍니다.

"주식회사 ABC가 거래처에 상품을 주문하고 200,000 원을 현금으로 지급했다" 예를 다시 보겠습니다. 계정과목은 "상품", "현금"이고 "상품의 증가 200,000원"과 "현금의 감소 200,000원"이 기록된다고 했습니다.

원인 "상품의 증가"는 왼쪽 차변에, 결과 "현금의 감소"는 오른쪽 대변에 기록됩니다. 상품과 현금은 모두 회사의 자산이죠.

하지만 "상품의 증가"는 상품이라는 회사의 자산이 증가하는 것으로 차변에 기록하고 "현금의 감소"는 현금이라는 회사의 자산이 감소하는 것으로 대변에 기록합니다.

"주식회사 ABC가 2명의 직원을 채용했고 이번달 월급으로 1,000,000원을 이체했다" 예를 다시 보면 계정과목은 "급여", "예금"이고 "급여의 지급 1,000,000원"과 "예금의 감소 1,000,000원"이 기록된다고 했습니다.

원인 "급여의 지급"은 왼쪽 차변에, 결과 "예금의 감소"는 오른쪽 대변에 기록됩니다. 급여는 회사에서 비용으로 처리되고 예금은 회사의 자산입니다.

"급여의 지급"은 회사의 비용이 증가하는 것으로 차변에 기록하고, "예금의 감소"는 예금이라는 회사의 자산이 감소하는 것으로 대변에 기록합니다.

처음에는 헷갈릴 수 있지만 거래마다 원인과 결과를 생

각하고 공식에 따라 차변과 대변으로 나누다 보면 익숙해질 수 있습니다.

앞에서 언급한 분개들이 기록되어 있는 문서를 분개장이라고 부릅니다. 이 분개장에 있는 정보를 각 계정과목별로 분류되어 있는 원장(ledger)에 옮기는 과정을 전기(posting)라고 합니다. 분개장에 기록된 모든 분개가 원장으로 완전하고 정확하게 전기되었는지 확인을 위해서 작성되는 표가 시산표입니다.

시산표 확인을 통해 누락된 분개가 있는지 차변과 대변의 합계가 일치하는지 등의 검증을 마치고 재무제표 작성을 합니다. 재무제표는 재무상태표, 손익계산서, 자본변동표, 현금흐름표, 주석으로 구성되어 있는데요, 각각의 재무제표 구성항목에 대해서는 뒷장에서 하나씩 다루어 보겠습니다.

제 2장

쓱쓱 들어오는
재무제표
알아보기

재무제표를
알아봅시다

1) 재무제표 구성항목

재무제표는 재무상태표, 손익계산서, 자본변동표, 현금
흐름표로 구성되고 주석을 포함합니다.

2) 재무상태표란?

재무상태표는 특정 시점의 자산, 부채, 자본을 보여주는
표입니다. 앞에서 "자산 = 부채 + 자본" 이라는 회계 공식
을 보여드렸는데요, 재무상태표는 이 공식에 따라 자산,

부채, 자본을 각각 보여주는 표입니다.

<재무상태표>

자산	부채
	자본

　여기서 자산은 회사의 경제적 자원, 경제적 권리를 의미합니다.

　자산(assets)의 사전적 정의는 개인이나 법인이 소유하고 있는 경제적 가치가 있는 유형 또는 무형의 재산입니다. 한자로는 資産, 資 재물 자 + 産 낳을 산이니 재물을 낳는 것을 의미합니다. 예를 들어보면 현금, 주식, 토지, 건물, 상품 등이 자산에 해당합니다.

　부채는 회사의 경제적 의무를 의미합니다. 부채(liabilities)의 사전적 정의는 제3자에게 지고 있는 금전상의 의무입니다. 한자로는 負債, 負 질 부 + 債 빚 채이니 갚아야 하는 것을 의미합니다. 예를 들어보면 차입금, 외상매입금, 미지급금 등이 부채에 해당합니다.

　자본은 資本, 資 재물 자 + 本 근본 본이니 재물의 근본을 의미합니다.

　위의 공식에 따라 자산 - 부채 = 자본, 총 자산에서 총 부채를 차감한 나머지, 잔여가치가 자본에 해당한다고 하겠습니다.

결국 한자 뜻으로 해석해보면 재물의 근본인 나의 돈과 갚아야 하는 남의 돈이 합쳐져서 자산을 이루고 있는 것입니다.

만약 2023년 7월 1일에 자동차를 구입했다고 가정해 보겠습니다. 주식회사 ABC가 가진 돈 20,000,000원에 금융기관에서 빌린 30,000,000원을 합쳐 50,000,000원 자동차를 구입했다면?

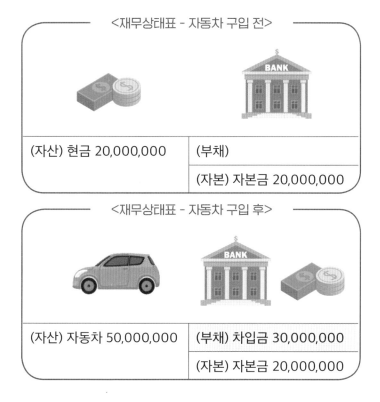

이렇게 자산(자동차) = 부채(차입금) + 자본(자본금) 공식에 성립하게 됩니다.

그래서 농담으로 부채도 자산이다 라는 말이 나오는 거겠죠?

자산, 부채, 자본을 구성하는 계정과목, 각 항목들에 대한 설명은 다음 장에서 하도록 하겠습니다.

다시 1장과 같은 거래 예시로 설명해보겠습니다. "주식회사 ABC가 거래처에 상품을 주문하고 200,000원을 현금으로 지급했다"의 거래에서 "상품의 증가"는 상품이라는 회사의 자산이 증가하는 것으로 차변에 기록하고 "현금의 감소"는 현금이라는 회사의 자산이 감소하는 것으로 대변에 기록한다고 했습니다.

<재무상태표 - 거래 발생 이전>

자산		부채	
현금	500,000		
상품		자본	
		자본금	500,000

<거래 발생>

상품	200,000	현금	200,000

<재무상태표 - 거래 발생 이후>

자산		부채	
현금	300,000		
상품	200,000	자본	
		자본금	500,000

   위의 거래를 "주식회사 ABC가 거래처 주식회사 가나다에 상품을 외상으로 주문하고 200,000원을 1개월 후에 매입대금을 지급하기로 했다"로 바꿔 설명해 보겠습니다.

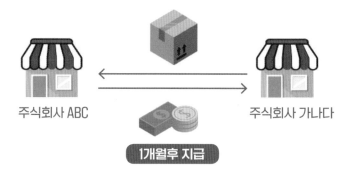

주식회사 ABC   주식회사 가나다

1개월후 지급

　현금을 지급하는 거래와 다르게 위의 거래에서는 200,000
원의 "매입채무"라는 계정과목이 필요합니다. 1개월 이후
에 200,000원을 지급하기로 하였으니 회사의 입장에서는
1개월 이후 돈이 유출될 것이기 때문에 부채로 기록해야 합
니다.
　"상품의 증가"는 상품이라는 회사의 자산이 증가하는
것으로 차변에 기록하고, "매입채무의 증가"라는 회사의
부채가 증가하는 것으로 대변에 기록합니다.

<재무상태표 - 거래 발생 이전>

자산		부채	
현금	500,000		
상품		자본	
		자본금	500,000

<거래 발생>

상품	200,000	매입채무	200,000

<재무상태표 - 거래 발생 이후>

자산		부채	
현금	500,000	매입채무	200,000
상품	200,000	자본	
		자본금	500,000

재무상태표는 위의 표에서 보시는 것처럼 회계 공식 "자산 = 부채 + 자본"에 따라 자산의 합계 금액과 부채와 자본의 합계가 일치합니다.

이러한 재무상태표를 통해서 특정 시점의 부채 수준이나 자기자본 규모를 파악할 수 있습니다. 더 나아가 재무상태표를 확인하며 부채 수준이 적절한지, 자기자본 구조가 안정적인지, 자산을 효과적으로 운영하고 있는지 등을 알 수 있습니다.

3) 손익계산서란?

손익계산서는 특정 기간 동안의 수익, 비용을 보여주는 표입니다.

<손익계산서>

수익	xxx
비용	(xxx)
순이익	xxx

위와 같이 간단한 형태는 아니지만 손익계산서는 특정 기간 동안의 수익과 비용을 보여주고 순이익(손실)을 확인할 수 있습니다. 어느 정도의 수익을 내고 있는지, 어느 항목에 비용을 집행하고 있는지를 파악할 수 있습니다.

"주식회사 가나다가 2명의 직원을 채용했고 이번달 월급으로 1,000,000원을 이체했다"의 예로 보면 "급여의 지급"은 회사의 비용이 증가하는 것으로 차변에 기록하고 "예금의 감소"는 예금이라는 회사의 자산이 감소하는 것으로 대변에 기록한다고 했습니다.

이 중 비용의 증가에 해당하는 급여의 지급 금액이 손익계산서에 반영될 수 있겠네요.

<손익계산서 - 거래 반영>

수익	-
비용	(1,000,000)
순이익(손실)	(1,000,000)

급여 1,000,000원 지급이라는 거래만 있을 때 위와 같은 손익계산서가 기록되고 순손실 1,000,000원이 기록됩니다. 이 손익계산서의 마지막 금액인 순이익(손실) 금액은 재무상태표의 "자본"의 하위항목인 이익잉여금(결손금)으로 반영이 됩니다.

재무제표는 각각의 표들을 함께 확인하면서 종합적인 정보를 파악해야 하기 때문에, 위의 거래를 재무상태표와 손익계산서를 기록하며 함께 살펴보겠습니다.

주식회사 가나다   월급 1,000,000원   직원 채용

"주식회사 가나다가 2명의 직원을 채용했고 이번달 월

급으로 1,000,000원을 이체했다"의 예시를 재무상태표
와 손익계산서에 기록해 보겠습니다.

<재무상태표 - 거래 발생 이전>

자산		부채	
예금	2,000,000		
		자본	
		자본금	2,000,000

<거래 발생>

급여	1,000,000	예금	1,000,000

<손익계산서 - 거래 발생 이후>

수익	-
비용(급여)	(1,000,000)
순손실	(1,000,000)

순손실 1,000,000원이 자본 항목에 반영됩니다.

<재무상태표 - 거래 발생 이후>

자산		부채	
예금	1,000,000		
		자본	
		자본금	2,000,000
		이익잉여금 (결손금)	(1,000,000)

4) 자본변동표란?

자본변동표는 특정 기간동안 자본에 발생한 변동을 보여주는 표입니다.

자본이 변동하는 원인은 다양하지만 대표적인 변동 원인은 특정기간동안 발생한 손익, 현금배당, 주식 발행 등이 있습니다.

특정기간동안 발생한 손익: 앞에서 설명한 손익계산서에서 순이익(손실) 금액으로 순이익이라면 자본을 증가시킬 것이고 순손실이라면 자본을 감소시킵니다.

배당: 기업이 현금으로 주주에게 배당금을 지급하는 경우, 기업 입장에서는 자본이 감소합니다.

주식 발행: 증자를 하는 경우 새로 주식을 발행하면서 기업의 자본이 증가하게 됩니다.

<자본변동표>

자본	자본금	이익잉여금(결손금)	합계
기초	xxx	xxx	xxx
순이익(손실)	xxx	xxx	xxx
기말	xxx	xxx	xxx

자본변동표를 간략하게 나타내자면 위와 같은 표의 형태입니다.

"주식회사 가나다가 2명의 직원을 채용했고 이번달 월급으로 1,000,000원을 이체했다" 예시를 다시 대입해 보겠습니다.

<재무상태표 - 거래 발생 이전>

자산		부채	
예금	2,000,000		
		자본	
		자본금	2,000,000
		이익잉여금	

<자본변동표 - 거래 발생 이전>

자본	자본금	이익잉여금	합계
기초	2,000,000	-	2,000,000
순이익	-	-	-
기말	2,000,000	-	2,000,000

<거래 발생>

급여	1,000,000	예금	1,000,000

<손익계산서 - 거래 발생 이후>

수익	-
비용(급여)	(1,000,000)
순손실	(1,000,000)

순손실 1,000,000원이 자본 항목에 반영됩니다.

<재무상태표 - 거래 발생 이후>

자산		부채	
예금	1,000,000		
		자본	
		자본금	2,000,000
		이익잉여금	(1,000,000)
		(결손금)	

<자본변동표 - 거래 발생 이후>

자본	자본금	이익잉여금 (결손금)	합계
기초	2,000,000	-	2,000,000
순이익(손실)	-	(1,000,000)	(1,000,000)
기말	2,000,000	(1,000,000)	1,000,000

5) 현금흐름표란?

현금흐름표는 특정 기간 동안 기업의 현금 흐름을 보여주는 표입니다. 영업활동, 투자활동, 재무활동 3가지로 구분해서 나타냅니다.

영업활동현금흐름
기업의 영업활동에서 발생하는 현금흐름

투자활동현금흐름
기업의 투자활동에서 발생하는 현금흐름

예를 들어 유형자산을 취득하거나 처분하거나, 주식을 취득하거나 처분할 때의 현금 유입, 유출 금액이 포함됩니다.

재무활동현금흐름
기업의 재무활동에서 발생하는 현금흐름

예를 들어 차입금, 배당 등에서 발생하는 현금 유입, 유출 금액이 포함됩니다.

<현금흐름표>

영업활동현금흐름	xxx
투자활동현금흐름	xxx
재무활동현금흐름	xxx
현금순증감	xxx

간단하게 보여드리면 이런 표로 나타낼 수 있습니다.

저는 개인적으로 현금흐름표가 재무제표 중 가장 중요한 표가 아닐까 생각합니다. 말 그대로 기업의 현금 흐름을 확인할 수 있기 때문인데요.

예를 들어, 손익계산서의 매출 금액이 지속적으로 성장하는 기업을 보고 장사가 잘 된다고 판단할 수 있지만 재무상태표에서 외상매출금이 지속적으로 증가하고 현금으로 회수가 되지 않아 현금흐름표에서 영업활동현금흐름이 좋지 않다고 한다면? 기업의 현금 유동성이 좋지 않은 상황이라고 판단할 수 있겠죠.

예를 들어, 재무상태표의 자동차, 건물, 공장 등의 자산 금액이 증가한 것을 보고 기업이 돈이 많아서 자산을 취득하고 있다고 판단할 수 있지만, 현금흐름표의 재무활동현금흐름에 차입금 증가로 인한 현금 유입이 있다면 자산 취득이 차입금으로 이루어지고 있음을 판단할 수 있습니다.

그래서 일반적으로 영업활동현금흐름 + , 투자활동현금흐름 - , 재무활동현금흐름 - 인 현금흐름표가 안정적인 기업을 나타낸다고 합니다. 영업활동으로 벌어들이는 현금을 투자에 사용하고 차입금을 갚거나 배당을 지급하는 형태인거죠.

만약 영업활동현금흐름 - , 투자활동현금흐름 +, 재무활동현금흐름 + 인 기업을 최악의 상황에 대입해서 보면 영업활동으로 벌어들이는 현금이 없어 차입을 하고 보유 자산을 팔고 있는 형태가 될 수도 있습니다.

재무상태표, 손익계산서, 자본변동표, 현금흐름표는 기업의 재무 상태와 성과를 종합적으로 분석할 수 있도록 도와주기 때문에 각각의 표를 통합적으로 읽을 수 있어야 합니다.

앞에서 각 표에 대해 간략하게 설명을 해봤고 이러한 재무제표를 어디서 확인할 수 있는지, 어떻게 해석해야 하는지, 각 표를 구성하는 계정과목들은 어떤 것들이 있는지 등에 대해 알아보도록 하겠습니다.

제 3장

재무제표를
읽어봅시다

재무제표,
어디서 볼 수 있나요?

  재무제표 구성 항목을 하나씩 살펴보기 전에 우리가 재
무제표를 어디에서 볼 수 있는지를 알아야겠죠.

  재무제표를 가장 쉽게 확인할 수 있는 사이트는 전자공
시시스템입니다.

  검색창에 https://dart.fss.or.kr 을 입력합니다.

🔍 https://dart.fss.or.kr

(전자공시시스템 https://dart.fss.or.kr)

전자공시시스템은 상장법인 등이 공시서류를 제출하면 투자자 등 이용자가 인터넷을 통해 조회할 수 있도록 하는 종합 기업공시 시스템입니다.

이 시스템을 통해 우리는 재무제표 외에도 기업들이 공시한 주요 정보, 투자설명서, 사업보고서들을 확인할 수 있습니다.

검색조건에 조회를 원하는 회사명이나 종목코드를 입력하고 검색을 하시면 되는데요.

예를 들어 [현대자동차]를 입력하고 검색해 보겠습니다. 기업이 공시하는 정보가 다양하기 때문에 아래 화면처럼 우리가 보려고 하는 재무제표가 나오지 않을 수 있습니다.

공시유형에 [정기공시] 또는 [외부감사관련]을 지정하고 다시 검색해 보겠습니다.

공시유형에 검색조건을 지정하면 사업보고서, 감사보고
서가 조회됩니다. 분기보고서(2024.03)를 조회해보겠습
니다.

목차에 나오는 '재무에 관한 사항'에서 재무제표를 클릭
하시면 해당 기업의 재무제표를 확인할 수 있습니다. 또
는 상단의 첨부에서 감사(검토)보고서를 클릭해서 해당
기업의 재무제표를 확인할 수 있습니다.

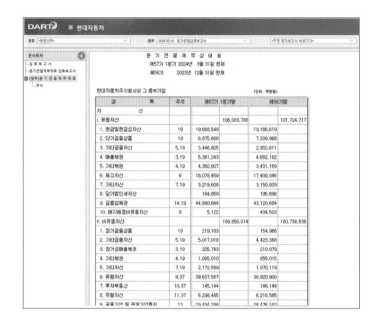

그리고 보시는 것처럼 재무제표를 전년도 특정 시점 또는 전년도 특정 기간을 비교표시하는 형태로 보여주고 있기 때문에 회사가 어떻게 변화하고 있는지 비교해가면서 확인할 수 있습니다.

재무제표를 확인하면서 추가로 확인하면 좋은 내용은 주석입니다.

　　주석도 재무제표의 구성항목 중 하나인데요, 재무제표는 계정과목이 통합으로 표시가 되기 때문에 조금 더 내용을 알고 싶다면 주석 번호를 확인하고 해당 주석에서 내용을 살펴보면 되겠습니다.

재무제표
하나씩 살펴보기

재무제표를 하나씩 살펴보면서 주로 사용되는 계정과목에 대해서도 설명해 보겠습니다.

① 첫번째, 재무상태표

재무상태표는 특정 시점의 자산, 부채, 자본을 보여주는 표라고 2장에서 설명했었죠.

자산

불닭신화로 유명한 삼양식품 주식회사로 예를 들어보겠

습니다. 삼양식품 주식회사의 2024년 3월 분기보고서를 조회했습니다.

첨부에 분기검토보고서를 선택하고 문서 목차에서 분기 재무제표를 선택하면, 가장 먼저 나오는 재무제표는 재무상태표입니다.

아래 재무상태표에서 "자산"을 먼저 보겠습니다.

분 기 연 결 재 무 상 태 표
제 64 기(당) 1분기말 2024년 03월 31일 현재
제 63 기(전) 기말 2023년 12월 31일 현재

삼양식품 주식회사와 그 종속기업 (단위: 원)

과 목	주석	제 64기(당) 1분기말	제 63기(전) 기말
자 산			
I. 유 동 자 산		491,267,207,990	492,073,951,173
현금및현금성자산	4	217,965,074,429	218,684,811,276
단기금융자산	4	23,494,601,240	22,349,301,203
매출채권	4,23	96,953,393,981	79,845,300,784
기타유동금융자산	4,23	2,404,235,233	2,005,548,172
재고자산	8	124,069,387,140	142,175,085,782
기타유동자산	7	26,053,563,169	26,856,734,053
당기법인세자산		326,952,778	157,169,923
II. 매각예정비유동자산	9	5,264,675,518	5,264,675,518
III. 비 유 동 자 산		731,562,893,352	672,964,144,204
장기금융자산	4	9,904,539,397	6,646,119,143
기타비유동금융자산	4	816,712,675	737,606,816
유형자산	10,14,19,23	604,122,852,043	542,993,392,414
생물자산	6	1,313,121,354	1,261,968,073
투자부동산	11,14,19,23	9,317,363,356	9,321,890,528
무형자산	10	55,795,061,970	55,463,303,312
사용권자산	12	33,232,720,522	33,682,632,175
관계기업및공동기업투자	13	3,062,811,630	3,184,216,818
기타비유동자산	7	3,150,546,474	3,412,912,304
순확정급여자산	16	3,598,508,897	6,270,805,784

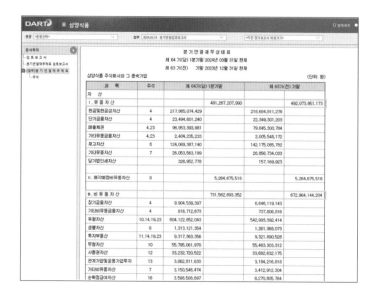

자산을 유동자산과 비유동자산으로 분류하고 있는데요, 유동성이 큰 자산부터 배열하는 것을 원칙으로 하고 일반적으로 1년 기준으로 유동자산과 비유동자산으로 분류합니다.

유동자산은 1년 이내에 현금화할 수 있거나 실현할 수 있는 항목들을 포함하고 있습니다. 1년이 아니더라도 정상적인 영업주기 내에 실현할 수 있는 재고자산과 매출채권은 유동자산으로 분류합니다.

그럼 계정과목 하나씩 살펴볼까요?

자산을 유동성이 큰 항목부터 배열한다고 했습니다. 유동성을 확인하는 데에 가장 중요한 계정인 현금및현금성자산을 가장 위에 표시하고 있습니다.

현금및현금성자산

현금은 실물 현금을 의미하는 것 같은데 현금성자산이 뭐지? 할 수 있습니다.

현금성자산은 '통화 및 타인발행수표 등 통화대용증권과 당좌예금, 보통예금 및 큰 거래비용없이 현금으로 전환이 용이하고 이자율 변동에 따른 가치변동의 위험이 경미한 금융상품으로 취득 당시 만기일(또는 상환일)이 3개월 이내인 것'을 의미합니다.

말이 좀 길지만 포인트는 '현금으로 전환이 용이'하고 '가치변동의 위험이 경미'하고 '3개월 이내'입니다. 바로 현금처럼 쓸 수 있는 항목들은 현금및현금성자산으로 분류됩니다.

　원화 또는 외화 실물, 수표는 언제든 현금으로 교환하고 사용할 수 있기 때문에 당연히 현금및현금성자산으로 분류됩니다. 그렇지만 요즘 현금 이용하는 사람들이 많이 없죠. 마찬가지로 기업도 현금을 들고 다니면서 거래를 하는 일은 거의 없을 뿐 아니라 기업의 현금 거래는 횡령 의심을 받을 수 있겠죠. 계좌를 만들어서 거래를 하는 경우가 많을 텐데요, 계좌들도 성격에 따라 분류가 달라지고는 합니다. 어떤 계좌들이 있을까요?

　보통예금 계좌는 언제든 입금과 출금을 할 수 있습니다. 언제든 현금처럼 사용할 수 있어 현금및현금성자산 항목으로 분류합니다.

　당좌예금은 수표나 어음을 발행할 수 있는 계좌입니다. 당좌예금 계좌를 개설한 후에 주식회사 가나다와 거래를 하고 현금 대신 수표를 발행해 주었다면? 주식회사 가나다는 은행에 수표를 가져가서 현금화할 수 있습니다. 수표를 받은 은행은 나의 당좌예금 계좌에서 돈을 출금하여 주식회사 가나다에게 지급해 주는 구조입니다.

　이러한 용도로 쓰이는 당좌예금 계좌도 결국 언제든 입금과 출금을 할 수 있기 때문에 현금및현금성자산 항목으로 분류합니다.

'CD금리'라는 말 뉴스에서 보셨을 텐데요? 여기서 말하는 CD는 양도성 예금증서(Certificate of Deposit)를 의미합니다.

은행 정기예금을 '양도', 즉 만기 이전에 언제든 사거나 팔 수 있도록 한 상품입니다.

만약 주식회사 ABC가 2023년 8월 31일에 만기가 11월 20일에 1,000,000원짜리 양도성 예금증서를 발행 받았다면 만기 이전에 언제든 제3자에게 양도할 수 있고 만기에 은행에 가서 현금화할 수 있습니다. 만약 이 양도성 예금증서를 9월 10일에 주식회사 가나다에게 양도했다면 주식회사 가나다는 만기에 은행에 가서 현금화할 수 있게 됩니다.

양도성 예금증서는 만기는 30일 이상으로 발행되는데, 일반적으로 3개월에서 6개월물이 가장 많이 발행되고는 합니다. 발행될 때 금리 또는 유통시장에서 거래될 때 금리가 바로 'CD금리'입니다.

이러한 양도성 예금증서가 취득일로부터 만기가 3개월 이내라면 현금및현금성자산으로 분류할 수 있습니다. 정기예금, 정기적금처럼 만기가 정해져 있는 경우에는 어떻게 분류할까요? 역시 '취득 당시 3개월 이내'로 구분합니다.

2023년 8월 31일에 정기예금 10,000,000원 가입했다고 가정해 보겠습니다. 이때 만기가 2023년 11월 20일이라면 취득 당시 만기가 3개월 이내에 해당하여 가입한 정기예금 10,000,000원은 현금및현금성자산 항목으로 분류합니다.

만약 만기가 2023년 12월 20일이라면 어떻게 될까요? 취득 당시 만기가 3개월 이내에 해당하지 않기 때문에 정기예금 10,000,000원은 현금및현금성자산 항목으로 분류하지 않습니다.

CMA계좌는 종합관리계좌(Cash Management Account)라고 불리는데 증권사나 종합금융회사에서 개설할 수 있습니다. 보통예금처럼 언제든 입금과 출금을 할 수 있는데 은행보다 금리가 높고 매일 이자를 계산해 줍니다.

또 생소한 용어로 RP(환매조건부채권, Repurchase agreement)가 있습니다. 환매를 조건으로 하는 채권, 일정한 기간 후에 채권을 발행한 곳에서 다시 사겠다는 조건으로 판매하는 채권입니다. 만약 은행이 5년 만기 10억 원 규모의 채권을 보유하고 있는데, 이 중 일부를 만기 3개월에 이자 5%로 판다고 합니다. 주식회사 ABC가 은행에서 이 채권에 5,000,000원만큼 투자한다면 3개월 후 만기에 은행에 가서 5,000,000원에 이자 5%를 포함한

만큼 현금화할 수 있습니다.

이렇게 취득 시점에 만기가 3개월 이내인 RP 역시 현금
및현금성자산 항목으로 분류할 수 있습니다.

현금및현금성자산

현금으로 전환이 용이하다

가치변동 위험이 경미하다

취득 당시 만기가 3개월 이내이다

으로 정리할 수 있고 바로 현금처럼 쓸 수 있는 항목이
라고 생각하시면 됩니다.

예시로 들었던 삼양식품 주식회사는 2024년 3월 31일
기준으로 현금및현금성자산을 2,179.7억원 보유하고 있습
니다.

재무제표는 비교표시를 한다고 했습니다. 삼양식품 주
식회사 재무상태표에서 현금및현금성자산을 보면 2023
년도 12월 31일 기준으로는 2,186.8억원 보유하고 있었습
니다.

현금및현금성자산을 2,000억원대 보유하고 있는 걸 보
면, 불닭볶음면의 힘이 엄청난 것 같습니다.

분 기 연 결 재 무 상 태 표
제 64 기(당) 1분기말 2024년 03월 31일 현재
제 63 기(전) 기말 2023년 12월 31일 현재

삼양식품 주식회사와 그 종속기업   (단위: 원)

과 목	주석	제 64기(당) 1분기말	제 63기(전) 기말
자 산			
I. 유동자산		491,267,207,990	492,073,951,173
현금밀현금성자산	4	217,965,074,429	218,684,811,276
단기금융자산	4,23	23,494,601,240	22,349,301,203
매출채권	4,23	96,953,393,981	79,845,300,764
기타유동금융자산	4,23	2,404,235,233	2,005,548,172
재고자산	8	124,069,387,140	142,175,085,782
기타유동자산	7	26,053,563,189	26,856,734,033
당기법인세자산		326,952,778	157,169,923

단기금융자산

단기금융자산에는 어떤 항목들이 있을까요?

다양한 하위 항목들이 있지만 쉽게 넘어가기 위해서 알 만한 항목들만 소개하겠습니다.

(1) 단기금융상품

앞에서 취득 당시 만기가 3개월 이내에 해당하면 현금 밀현금성자산으로 분류한다고 했는데요, 만약 만기가 3개월을 초과하고 1년이내에 해당한다면 단기금융상품으로 분류합니다.

2023년 8월 31일에 정기예금 10,000,000원을 가입했다고 다시 가정해 보겠습니다.

이때 만기가 2023년 11월 20일이라면 취득 당시 만기가

3개월 이내에 해당하여 가입한 정기예금 10,000,000원은 현금및현금성자산 항목으로 분류합니다.

만약 만기가 2023년 12월 20일이라면 취득 당시 만기가 1년 이내에 해당하여 정기예금 10,000,000원은 단기금융상품으로 분류합니다.

앞서 설명한 CD(양도성 예금증서)의 경우에도 만기가 1년 이내라면 단기금융상품으로 분류하고 RP(환매조건부채권)도 만기가 1년 이내라면 단기금융상품으로 분류합니다.

(2) 지분상품 및 채무상품

지분상품과 채무상품입니다. 쉽게 바꿔 말하면 주식과 채권입니다.

회사도 투자 목적으로 주식이나 채권을 구입할 수 있겠죠. 주식, 채권과 같은 투자자산 중 1년이내 현금화 예정이거나 만기가 1년 이내인 상품들은 단기금융자산으로 분류할 수 있습니다. 만약 1년을 초과한다면 장기금융자산으로 분류하여 비유동자산 항목에 포함됩니다.

회계 실무상 지분상품과 채무상품은 한국채택국제회계기준 하에서 당기손익-공정가치측정금융자산, 기타포괄손익-공정가치측정금융자산, 상각후원가측정금융자산으로 분류하고 있습니다만 본 장에서는 분류방법과 관련된 내용은 깊게 들어가지는 않겠습니다.

매출채권

회사에서는 매일 수많은 거래들이 발생합니다. 거래가 발생할 때마다 돈을 받거나 줄 수도 있겠지만 많은 회사들이 일반적으로 외상으로 거래를 합니다.

예를 들어 오늘 주식회사 ABC가 주식회사 가나다에 상품 1,000,000원을 판매하였는 데, 주식회사 가나다가 "돈은 다음달에 입금해 드릴게요!" 라고 한다면 주식회사 ABC에게는 다음달에 현금화할 수 있는 외상매출금 1,000,000원이 생기게 됩니다.

예를 들어 오늘 주식회사 ABC가 주식회사 가나다에 상품 1,000,000원을 판매하였는데, 주식회사 가나다가 다음달에 만기가 돌아오는 어음을 준다면? 주식회사 ABC

에게는 다음달 에 현금화할 수 있는 받을어음 1,000,000 원이 생기게 됩니다.

이렇게 영업활동과정에서 발생하는 외상매출금과 받을어음 등을 매출채권이라고 분류합니다. 정상적인 영업주기 내에 현금으로 받을 권리라고도 합니다. 현금을 "받을" 권리이기 때문에 매출채권은 자산에 포함합니다.

일반적으로 재무제표에서는 매출채권을 대손충당금을 차감한 금액으로 표시하고 있습니다. 매출채권 관련 주석을 살펴보겠습니다.

대손충당금(손실충당금)

회계를 처음 접하면 충당금이라는 용어가 생소할 수 있습니다.

회사에서 수많은 외상 거래가 발생한다고 했습니다. 약속한 시점에 돈을 입금해 주면 좋은데, 상대방이 자금 부족 등의 문제가 발생하여 입금이 연기되거나 아예 입금을 못 하는 경우도 발생할 수 있겠죠. 예를 들어 오늘 주식회사 ABC가 주식회사 가나다에 상품 1,000,000원을 판매하고 주식회사 가나다가 "돈은 다음달에 입금해 드릴게요!" 라고 해서, 주식회사 ABC는 외상매출금 1,000,000원을 장부에 기록했습니다.

약속한 날짜가 되었는데 주식회사 가나다에서 "죄송합니다. 저희가 지금 자금 상황이 좋지 않아서 6개월 후에 입금하겠습니다." 라고 입금을 연기했습니다.

6개월 후 1,000,000원 입금을 기다리고 있었는데, 뉴스에서 주식회사 가나다의 파산 소식을 접했습니다. 주식회사 가나다를 찾아갔지만 우리 회사에 입금해 줄 돈이 없는 상황이었습니다. 그럼 우리는 갑자기 외상매출금 1,000,000원을 받을 수 없게 되었기 때문에 장부에 기록되어 있는 자산 금액에서 외상매출금 1,000,000원을 없애야 합니다. 외상매출금을 없앨 때에는 아래와 같이 차변에 비용을 인식합니다.

돈을 못 받게 된 것도 슬픈 데 갑자기 1,000,000원 비용을 인식해야 하는 상황입니다.

(차변) 비용 1,000,000	(대변) 외상매출금 1,000,000

또는 500,000원만 입금된 상황이라면

(차변) 비용 500,000	(대변) 외상매출금 500,000

갑자기 500,000원에 대해 비용을 인식해야 하는 상황입니다.

회사가 계속 영업을 하다 보면 주식회사 가나다와 같은 회사들이 생겨날 수도 있습니다. 그 과정에서 일반적으로 몇 개월이 지난 외상대금은 못 받을 수도 있겠다, 50%는 받을 수 있겠다 라는 추정을 할 수 있게 됩니다. 그래서 이러한 추정을 하는 시점에 미리 일부라도 비용을 잡아놓자는 것이 대손충당금입니다.

만약 주식회사 ABC 장부에 기록되어 있는 외상매출금이 5,000,000원인데 이 중에 약속된 날짜에 회수되지 않은 외상매출금이 포함되어 있다고 해 봅시다.

주식회사 ABC가 영업을 5년동안 해보니 이렇게 약속된 날짜가 지난 외상매출금의 20%는 받기가 어렵습니다.

슬프지만 주식회사 ABC는 외상매출금 5,000,000원의 20%에 대해서 비용을 기록하면서 대손충당금이라는 항목으로 쌓아놓습니다.

(차변) 비용	1,000,000	(대변) 대손충당금	1,000,000

이렇게 기록이 되면 주식회사 ABC 재무제표에는 이렇게 반영이 됩니다.

주식회사 ABC 재무제표

매출채권(외상매출금)	5,000,000
대손충당금	(1,000,000)
매출채권(순액)	4,000,000

아직 매출채권을 못 받게 된 것은 아니기 때문에 매출채

권은 5,000,000원을 기록합니다. 못 받을 것이라고 추정한 1,000,000원은 대손충당금으로 기록하고 차감 표시를 합니다. 그럼 매출채권(순액) 4,000,000원을 주식회사 ABC 재무제표에서 확인할 수 있게 됩니다.

만약 못 받을 것이라고 생각해서 대손충당금을 쌓아놓았던 매출채권을 포함한 5,000,000원이 입금된다면 어떻게 될까요?

(차변) 대손충당금	1,000,000	(차변) 비용	1,000,000
(차변) 보통예금	5,000,000	(차변) 매출채권	5,000,000

쌓아놓았던 대손충당금을 없애 주고 그만큼 비용이 차감되고, 외상대금이 입금되면서 매출채권은 없어지고 보통예금이 생겨납니다.

주식회사 ABC 재무제표

현금성자산(보통예금)	5,000,000
매출채권(외상매출금)	-
대손충당금	(-)
매출채권(순액)	-

다시 삼양식품 주식회사의 보고서로 돌아가 확인해 보
겠습니다.

2024년도 3월말 기준으로 매출채권은 1,048.2억원이
있는데 이 중 78.7억원을 대손충당금으로 쌓아 놓았습니
다. 대략 7.51%를 회수하지 못할 것이라 추정하고 충당금
으로 쌓아놓은 상황입니다. 매출채권 1,048.2억원에서 대
손충당금 78.7억원을 차감한 매출채권(순액)은 969.5억원
은 다음 페이지에서 보시는 것처럼 재무상태표 매출채권
에 표시되게 됩니다.

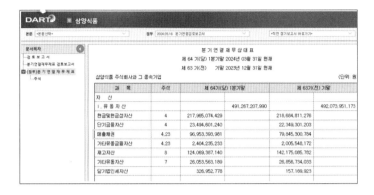

재고자산

다음으로 재고자산을 보겠습니다.

재고자산은 정상적인 영업주기 내에서 판매하기 위해 보유하고 있는 자산으로 보아 유동자산으로 분류합니다.

2024년도 3월말 기준으로 삼양식품 주식회사는 재고자산을 1,240.7억원어치 보유하고 있습니다. 삼양식품 주식회사의 재고자산은 어떤 것들이 있을까요?

II.사업의 내용 2. 주요 제품 및 서비스 항목에서 주요 제품을 확인할 수 있습니다. 삼양식품 주식회사의 주요 제품은 삼양라면, 불닭볶음면, 짱구 등이 있네요.

제품 말고 어떤 것들이 재고자산을 구성하는지 재고자산 주석에서 살펴보겠습니다.

상품은 외부의 다른 회사에서 만든 완성품을 판매목적으로 매입한 것을 의미합니다.

제품은 우리 회사의 생산설비를 이용한 제조 과정을 통

해 판매 목적으로 제조한 것을 의미합니다. 2024년도 3월 기준으로 삼양식품 주식회사는 제품을 674.6억원만큼 보유하고 있습니다.

반제품은 제조 과정을 거치긴 했지만 아직 완제품은 되지 않은 상태를 의미합니다.

주석에는 없지만 비슷한 유형으로 재공품이 있습니다. 재공품은 제조 과정에 있어 아직 완제품이 되지 않은 상태를 의미합니다. 반제품과 차이점은 재공품은 이 상태로는 판매가 불가능합니다.

원재료는 제조 과정에 투입되는 재료를 의미하는 데요, 2024년도 3월 기준으로 삼양식품 주식회사는 원재료를 425.2억원만큼 보유하고 있습니다.

II.사업의 내용 3. 원재료 및 생산설비에서 주요 원재료에 대해 확인할 수 있습니다.

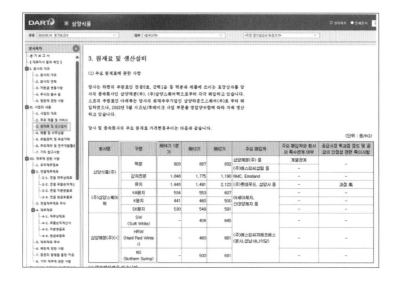

삼양식품 주식회사의 주요 원재료로는 맥분, 감자전분, 유지가 있고 이 원재료를 투입하여 라면 제품을 생산하게 됩니다.

3.원재료 및 생산설비에서는 주요 원재료 가격변동추이를 확인할 수 있는데요, 만약 원재료 가격이 지속적으로 상승하면 회사도 이익을 위해 최종 제품 판매단가를 인상하고자 하겠죠?

저장품은 제조 과정에서 필요한 소모품을 의미합니다. 미착품은 아직 우리 회사에 도착하지 않은 물품을 의미합니다. 만약 제조 과정에 투입하려고 수입한 원재료가 회사의 공장에 도착하지 않고 배송 중이라면? 이럴 때 사용하는 계정이 미착품입니다. 미착품이 우리 공장에 도착하면 원재료로 명칭을 변경해 줍니다.

재고자산평가손실충당금

삼양식품 주식회사 재고자산 주석을 보면 재고자산평가 손실충당금이라는 계정이 있습니다. 앞서 설명드렸던 대 손충당금처럼 뭔가 쌓아놓은건가 싶으시죠? 맞습니다.

가끔 창고정리 간판을 내세워 재고를 한가득 쌓아놓고 판매하는 업체들을 볼 수 있는데요, 그렇게 팔리는 재고 는 정상가격보다 한참 할인된 가격일 때가 많습니다.

회사가 제조과정에서 투입한 비용보다 높은 가격에 판 매가 되어야 회사는 이익을 볼 수 있겠죠. 하지만 재고자 산이 계속 팔리지 않고 창고에만 보관되어 있으면 제 값 을 잃어가고 최악의 상황에는 팔지 못하고 폐기처분해야 할 수도 있습니다. 창고에 5년동안 보관하고 있던 재고자 산 5,000,000원어치를 이제는 판매가능성이 없겠다 싶 어서 폐기하기로 하였습니다. 팔지 못하고 폐기하는 것도 슬픈데 한 번에 5,000,000원 비용을 인식해야할까요?

회사가 계속 영업을 하다 보면 제품이 창고에 보관된 지 몇 년이 지나면 판매가능성이 없다는 추정을 할 수 있습니다. 또는 제품 1개당 제조원가로 10,000원을 투입해서 판매단가를 20,000원으로 정했는데, 저가로 승부하는 경쟁사의 등장으로 시장 판매가격이 8,000원이 형성되어 8,000원 이상 받을 수 없는 상황이 될 수도 있습니다. 이렇게 되면 우리 회사 창고에 10,000원짜리 제품이 있지만 진짜 10,000원짜리가 아닐 수도 있는 거죠.

그래서 이러한 추정을 하는 시점에 미리 비용을 잡아놓는 것이 재고자산평가손실충당금입니다.

만약 제품 1개당 제조원가 10,000원을 투입하여 500개의 제품을 창고에 보관하고 있었는 데, 시장에서 8,000원 이상 받을 수 없는 상황이 되었다면? 장부에는 10,000원짜리로 기록되어 있지만 실은 8,000원짜리 제품인거죠.

슬프지만 주식회사 ABC는 제품당 2,000원에 대해서 비용을 기록하면서 재고자산평가손실충당금이라는 항목으로 쌓아놓습니다.

(차변) 재고자산평가손실	1,000,000	(대변) 재고자산평가손실충당금	1,000,000

참고로 이렇게 재고자산을 원가 이하의 순실현가능가치로 감액하는 방법은 회계에서는 저가법이라고 합니다.

그래서 아무튼 이렇게 기록이 되면 주식회사 ABC 재무제표에는 이렇게 반영이 됩니다.

주식회사 ABC 재무제표

재고자산	5,000,000
재고자산평가손실충당금	(1,000,000)
재고자산(순액)	4,000,000

아직 재고자산을 판매한 것은 아니기 때문에 재고자산 총액은 5,000,000원을 기록합니다.

받을 수 없다고 추정한 1,000,000원은 재고자산평가손실충당금으로 기록하고 차감 표시를 합니다. 그럼 재고자산(순액) 4,000,000원을 주식회사 ABC 재무제표에서 확인할 수 있게 됩니다.

삼양식품 주식회사의 주석에서는 재고자산평가손실충당금으로 15.8억원을 쌓고 있음을 확인할 수 있습니다.

이 외에도 유동자산에 주로 포함되는 계정과목을 살펴보겠습니다.

미수금

앞에서 매출채권에 대해 설명 드렸습니다. 상품을 판매하고 받지 못한 경우처럼 우리 회사의 주된 영업활동에서 발생한 돈을 받을 권리는 매출채권으로 분류합니다.

만약 우리 회사의 주된 영업활동은 아니지만 우리 회사가 보유하고 있던 자동차나 기계장치를 매각하고 아직 돈을 받지 못한 경우라면 받지 못한 매각대금은 미수금으로 분류합니다.

선급금

선급금은 언제 사용하는 계정일까요?

만약 삼양식품 주식회사가 원재료인 맥분을 구입하면서 먼저 대금을 입금하고 맥분은 3개월 후에 받기로 했다면, 먼저 입금한 대금은 선급금이라는 계정과목에 분류합니다. 이 선급금은 3개월 후 맥분을 받으면서 없어지는 계정과목입니다.

예를 들어 주식회사 ABC가 원재료 1,000,000원어치를 구입하면서 먼저 대금을 입금하고 3개월 후에 원재료를 받기로 했다면

(차변) 선급금	1,000,000	(대변) 예금	1,000,000

이렇게 장부에 기록을 하고, 주식회사 ABC 재무제표에는 선급금 1,000,000원이 표시됩니다.

주식회사 ABC 재무제표

선급금	1,000,000

3개월이 지나 원재료를 받은 시점에 아래와 같이 기록을 해 줍니다.

(차변) 원재료	1,000,000	(대변) 선급금	1,000,000

그러면 주식회사 ABC 재무제표에는 선급금이 사라지고, 원재료 1,000,000원이 표시됩니다.

주식회사 ABC 재무제표

원재료	1,000,000
선급금	-

미수수익

미수수익이라는 계정이 있습니다. 미수라고 되어 있는 것을 보니 일단 아직 받지 못한 돈인 것 같긴 하죠.

회계에는 발생주의와 현금주의가 있습니다.

현금주의는 실제 현금이 들어오고 나갈 때에 장부에 기록해주는 것입니다. 만약 현금주의이면 외상매출대금의 경우에는 우리 장부에 매출(수익)이 인식되지 않겠죠?

발생주의*는 이와 반대로 실제 현금 유출입과 관련없이 거래가 발생한 시점에 장부에 기록하는 것입니다.

미수수익은 이러한 발생주의를 적용할 때 나오는 항목으로 현금 유입과는 관계없이 기간이 경과함에 따라 수익이 발생했다고 보는 것인데요,

다시 예를 들어 설명해 보겠습니다.

2023년 7월 1일에 정기예금 10,000,000원을 가입하였

---

* 발생주의 회계의 기본적인 논리는 발생기준에 따라 수익과 비용을 인식하는 것이다. 발생기준은 기업실체의 경제적 거래나 사건에 대해 관련된 수익과 비용을 그 현금유출입이 있는 기간이 아니라 당해 거래나 사건이 발생한 기간에 인식하는 것을 말한다. 발생주의 회계는 현금 거래뿐 아니라, 신용거래, 재화 및 용역의 교환 또는 무상이전, 자산 및 부채의 가격변동 등과 같이 현금유출입을 동시에 수반하지 않는 거래나 사건을 인식함으로써 기업실체의 자산과 부채, 그리고 이들의 변동에 관한 정보를 제공하게 된다. (재무회계개념체계 67)

는데, 1년 만기, 이자율 4%라고 가정해 봅시다. 1년 후 만기 때 예금을 해지하면서 400,000원 이자(10,000,000 x 4%)를 받게 되겠죠.

2023년 12월 31일에 정기예금에 대한 우리회사의 이자수익을 기록한다고 했을 때, 만약 현금주의라면 아직 이자를 받은 것이 없으니 장부에 기록할 내용이 없을 텐데요.

(현금주의)

2023년 12월 31일
장부 기록 없음

2024년 6월 30일	
(차변) 예금 400,000	(대변) 이자수익 400,000

대신 2024년도 이자를 받는 시점에 한 번에 400,000원 이자수익을 기록하게 됩니다.

발생주의에서는 아직 이자를 받지 않았지만, 결산 시점까지의 기간을 확인한 후 이 기간동안 돈을 받을 권리, 이자를 받을 권리가 생겼음을 장부에 기록해 줍니다.

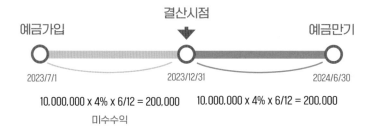

(발생주의)

2023년 12월 31일

(차변) 미수수익	200,000	(대변) 이자수익	200,000

역시 돈을 받을 권리이기 때문에 자산 항목으로 분류합니다.

2024년 6월 30일 만기가 되어 이자를 받은 경우에는 미수수익은 없어지고 예금이 생겨나고 2024년 1월 1일부터 6개월동안의 이자도 같이 받을 테니 아래와 같이 장부에 기록합니다.

(차변) 예금	200,000	(대변) 미수수익	200,000
(차변) 예금	200,000	(대변) 이자수익	200,000

발생주의에서는 이자수익 400,000원이 23년도와 24년도로 나뉘어 반영됩니다.

선급비용

선급금은 먼저 지급했을 때 사용하는 항목이라고 했습니다.

선급비용도 먼저 지급했을 때 사용하는 항목이긴 하지만, 발생주의를 적용할 때 나오는 항목으로 현금을 먼저 지급하긴 했지만 아직 기간이 경과하지 않은 부분에 대해서는 비용으로 기록하는 개념입니다.

다시 예를 들어 설명해 보겠습니다.

2023년 7월 1일에 만기 1년 보험을 가입하면서 1년치 보험료 4,800,000원을 납부했다고 가정해 봅시다.

2023년 12월 31일에 우리 회사의 보험료를 기록한다고 했을 때, 만약 현금주의라면 1년치 금액을 납부했으니 장부에는 이렇게 기록하게 될 텐데요.

(현금주의)

2023년 12월 31일

(차변) 보험료	4,800,000	(대변) 예금	4,800,000

2024년 6월 30일

장부 기록 없음

대신 2024년도에는 기록할 내용이 없습니다. 발생주의에서는 먼저 납부한 기간이 경과하지 않은 비용은 기간을 확인한 후 나중에 비용으로 인식할 것으로 보고 선급비용이라고 장부에 기록해 줍니다.

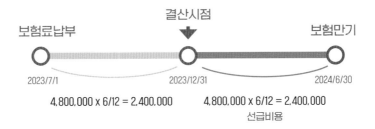

4,800,000 x 6/12 = 2,400,000   4,800,000 x 6/12 = 2,400,000
선급비용

(발생주의)

2023년 12월 31일

(차변) 선급비용	2,400,000	(대변) 예금	2,400,000
(차변) 보험료(비용)	2,400,000	(대변) 예금	2,400,000

　미래에 비용을 인식할 부분에 대해서 선급비용(자산) 항목으로 분류합니다.

　2024년 6월 30일 만기에 선급비용으로 기록해 두었던 금액은 없어지면서 보험료(비용)을 장부에 기록합니다.

2024년 6월 30일

(차변) 보험료(비용)	2,400,000	(대변) 선급비용	2,400,000

　발생주의에서는 보험료 4,800,000원이 23년도와 24년도로 나뉘어 반영됩니다.

대여금

대여금은 말 그대로 빌려준 돈입니다.

임직원에게 빌려주는 경우도 있고 계열사 등에 빌려주는 경우도 있습니다. 대여금의 경우에도 계속 못 받고 있다면 앞에서 매출채권에 대손충당금을 추정했던 것처럼 대손충당금을 추정해서 쌓아 놓아야 합니다.

대여금은 빌려준 돈으로 돈을 받을 권리가 있기 때문에 자산으로 분류합니다.

임차보증금

임차보증금은 부동산을 임차할 때 임차인이 지급하는 보증금입니다. 우리 회사가 어느 건물에 입주를 하면서 건물 임대업자에게 보증금을 납부했다면 이 보증금은 약정 기간이 만료되면 돌려받게 됩니다. 역시 돈을 받을 권리이기 때문에 자산 항목으로 분류합니다. 자주 나오는 유동자산 계정과목에 대해서는 이 정도로 살펴보고, 비유동자산 항목을 보도록 하겠습니다.

				731,562,893,352		672,964,144,204
III. 비유동자산						
장기금융자산	4	9,904,539,397			6,646,119,143	
기타비유동금융자산	4	816,712,673			737,806,816	
유형자산	10,14,19,23	604,122,852,043			542,993,392,414	
생물자산	6	1,313,121,354			1,261,968,073	
투자부동산	11,14,19,23	9,317,363,356			9,321,890,528	
무형자산	10	55,795,061,970			55,463,303,312	
사용권자산	12	33,232,720,522			33,682,632,175	
관계기업및공동기업투자	13	3,062,811,630			3,184,216,818	
기타비유동자산	7	3,150,546,474			3,412,912,304	
순확정급여자산	16	3,598,508,897			6,270,805,784	
이연법인세자산		7,248,655,036			9,989,096,837	

유형자산

대표적인 비유동자산 항목입니다. 유형자산은 회사의 사업에 사용할 목적으로 보유하는 형체가 있는 자산을 의미합니다.

주로 유형자산에 포함되는 항목으로는 토지, 건물, 구축물, 기계장치, 차량운반구, 비품, 건설중인자산 등이 있습니다.

건설중인자산은 건설중인 건물이나 설치가 완료되지 않은 기계 등에 사용합니다. 관련 비용이 지출되고 있으나 아직 사용할 수 없는 상태이기 때문에 건물, 기계장치 등으로 분류하지 않고 건설중인자산으로 분류합니다. 준공이나 설치가 완료되어 사용이 가능해지면 그 때 건물, 기계장치 등 본계정으로 명칭을 대체합니다.

삼양식품 24년도 3월말 재무제표에는 유형자산이 상세히 나와있지 않아서 23년도 12월말 재무제표를 가져왔습니다. 이렇게 유형자산 주석에서 토지, 건물, 구축물 등 각각의 자산별 금액을 확인할 수 있습니다.

대체의 경우 건설중인자산이 준공 또는 설치가 완료되어 본계정으로 대체되는 경우 또는 투자부동산 등 타계정으로 대체된 경우 추가 설명을 달아주는 경우도 있습니다.

			731,562,893,352		672,964,144,204
Ⅲ. 비유동자산			731,562,893,352		672,964,144,204
장기금융자산	4	9,904,539,397		6,646,119,143	
기타비유동금융자산	4	816,712,673		737,806,816	
유형자산	10,14,19,23	604,122,852,043		542,993,392,414	
생물자산	6	1,313,121,354		1,261,968,073	
투자부동산	11,14,19,23	9,317,363,956		9,321,890,528	
무형자산	10	55,795,061,970		55,463,303,312	
사용권자산	12	33,232,720,522		33,682,632,175	
관계기업및공동기업투자	13	3,062,811,630		3,184,216,818	
기타비유동자산	7	3,150,546,474		3,412,912,304	
순확정급여자산	16	3,598,508,897		6,270,805,784	
이연법인세자산		7,248,655,036		9,989,096,637	
자 산 총 계			1,228,094,776,860		1,170,302,770,895

투자부동산

사업에 사용할 목적으로 보유하고 있는 유형자산과 달리 투자부동산은 임대수익이나 시세차익을 얻기 위해 보유하고 있는 부동산입니다.

재무제표에서는 회사가 보유하고 있는 투자부동산의 현재 공정가치가 얼마인지, 투자부동산에서 발생하는 임대수익과 관련 비용은 얼마인지도 주석에 표기해줍니다.

23년도 12월말 삼양식품 재무제표를 보면 투자부동산 공정가치는 장부금액과 중요한 차이가 없어서 별도로 표기하지 않았고 투자부동산에서 임대수익이 48,000,000원 발생한다고 기록하고 있습니다.

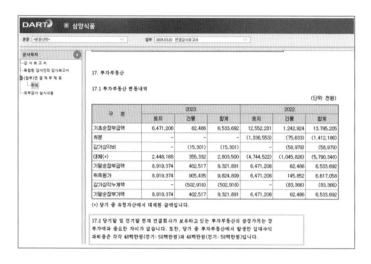

무형자산

무형자산은 물리적 형체가 없는 자산으로 주로 영업권, 개발비, 상표권, 특허권, 판권, 소프트웨어 등이 포함됩니다. 여기서 익숙하지 않을 수 있는 2가지 용어만 다시 짚어보 겠습니다.

영업권은 우리 회사가 다른 회사를 인수할 때 실제 그 회사의 가치보다 더 높은 가격을 지불한다면 그 금액을 의미합니다. 쉽게 말하면 프리미엄이 되겠습니다.

개발비는 연구개발이 많은 업종에서 자주 나오는 항목 이고 주의해야 하는 항목이기도 합니다. 연구와 개발단계 라고 했을 때, 연구단계에 지출하는 비용은 연구를 통해 어떤 가치를 창출할 수 있는지에 대해 입증이 어렵기 때 문에 지출한 기간동안 비용 처리를 합니다.

하지만 개발단계의 경우, 조건을 충족하는 경우에는 개 발비라는 무형자산으로 인식하고 조건을 충족하지 못하 는 경우에는 비용 처리를 합니다.

장기금융자산	4	9,904,539,397		6,646,119,143
기타비유동금융자산	4	816,712,673		737,806,816
유형자산	10,14,19,23	604,122,852,043		542,993,392,414
생물자산	6	1,313,121,354		1,261,968,073
투자부동산	11,14,19,23	9,317,363,356		9,321,890,528
무형자산	10	55,795,061,970		55,463,303,312
사용권자산	12	33,292,720,522		33,682,632,175
관계기업및공동기업투자	13	3,062,811,630		3,184,216,818
기타비유동자산	7	3,150,546,474		3,412,912,304
순확정급여자산	16	3,598,508,897		6,270,805,784
이연법인세자산		7,248,655,036		9,989,096,837
자 산 총 계			1,228,094,776,860	1,170,302,770,895

관계기업 및 공동기업투자

우리 회사가 다른 회사에 투자를 했다고 가정해 봅시다.

이 때 우리 회사가 피투자회사의 재무정책과 영업정책에 관한 의사결정에 참여할 수 있는 능력이 있다면 '유의적인 영향력이 있다' 라고 합니다. 유의적인 영향력을 보유하고 있는 회사 주식은 관계기업 및 공동기업 투자로 분류합니다.

관계기업투자주식으로 분류한 후에 '지분법회계'를 적용하게 되면, 최초에 취득한 주식 금액 이후 피투자회사의 가치변동액 중 우리 회사의 지분율만큼 가져와 최초 취득한 주식 금액에 가감해 주게 됩니다. 우리 회사가 투자한 회사가 있다면, 그 회사의 손익을 우리 회사 지분만큼 가져오겠다는 겁니다. 삼양식품 주식회사 재무제표로 보겠습니다. 주석으로 가서 살펴봅시다.

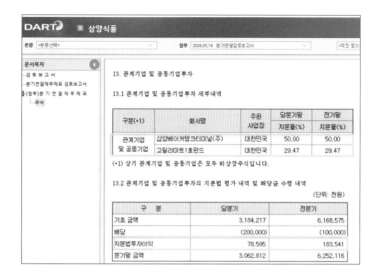

13. 관계기업 및 공동기업투자

13.1 관계기업 및 공동기업투자 세부내역

구분(*1)	회사명	주된 사업장	당분기말 지분율(%)	전기말 지분율(%)
관계기업 및 공동기업	삼양베이커탱크터미널(주)	대한민국	50.00	50.00
	고릴라미트1호펀드	대한민국	29.47	29.47

(*1) 상기 관계기업 및 공동기업은 모두 비상장주식입니다.

13.2 관계기업 및 공동기업투자의 지분법 평가 내역 및 배당금 수령 내역

(단위: 천원)

구 분	당분기	전분기
기초 금액	3,184,217	6,168,575
배당	(200,000)	(100,000)
지분법투자이익	78,595	183,541
분기말 금액	3,062,812	6,252,116

주석 12번에서 보는 것처럼 삼양식품 주식회사의 관계 기업 및 공동기업에는 2024년도 3월말 기준으로는 50% 지분을 보유한 삼양베이커탱크터미널㈜ 와 29.47% 지분을 보유한 고릴라미트1호펀드가 있습니다.

아래 지분법 평가 내역을 보시면 이익 중 지분해당액이 라고 되어 있는데요, 이렇게 관계기업에서 발생한 이익 중에 우리 회사가 보유한 지분율만큼 가져와 주식 금액에 가감해 주게 됩니다.

그럼 만약 우리 회사가 투자한 회사가 손실이 계속 발생 하여 지분율만큼 가져오다 보니 주식 취득금액보다 낮아 지면 어떻게 될까요?

우리 회사가 피투자회사가 손실을 내고 있을 때 대신 지

급하여야 하는 의무가 있지 않는 이상, 이익변동액만큼 우리 회사 장부로 가져오는 것을 멈추고 일단 투자주식 금액을 0으로 표기하게 됩니다.

결국 우리 회사가 투자한 회사가 이익을 꾸준히 발생시키면서 성장하게 되면 우리 회사 자산 가치가 올라가게 되겠죠.

이 항목을 통해 우리 회사가 어떤 회사에 투자하고 있는지, 이익은 잘 내고 있는지? 등을 확인할 수 있습니다.

종속기업투자주식

재무제표에서 종속기업투자주식이라는 말이 안 보입니다. 왜 그럴까요?

바로 연결재무제표를 확인하고 있기 때문입니다.

종속기업이 있고 연결재무제표를 작성해야 하는 기업이라면 별도 재무제표와 연결 재무제표 2개를 작성하게 되는

데, 여기서 우리는 연결재무제표를 주 재무제표라고 합니다.

　관계기업투자주식은 유의적인 영향력을 보유한 회사에 적용하는 개념이라면, 종속기업투자주식은 그보다 더 나아가 실질적인 지배력을 행사할 수 있는 경우에 적용하는 개념입니다.

　실질적인 지배력을 행사할 수 있는 회사를 보유하고 있다면, 우리회사(지배회사)와 피투자회사(종속회사)의 재무제표를 합쳐 연결재무제표를 작성하게 됩니다. 지배회사와 종속회사가 커다란 한 개의 회사를 구성한다고 보는 거죠.

　지배회사와 종속회사의 재무제표가 이미 합쳐져 연결재무제표가 작성되었기 때문에 종속기업투자주식이라는 계정을 재무상태표에서는 확인할 수가 없습니다.

　대신 주석에서 종속기업에 대한 설명을 확인할 수 있습니다.

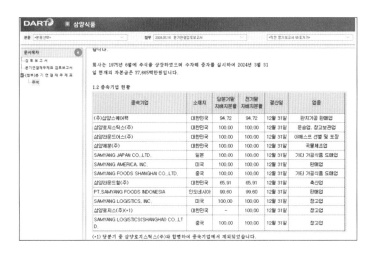

주석을 통해 종속기업 현황과 재무정보도 함께 보여주기 때문에 우리 회사가 투자하고 있는 회사가 어느 정도의 이익을 내고 있는지, 성장하고 있는지 등 확인할 수가 있습니다.

부채

자산을 대략적으로 살펴보았으니 "부채" 항목에 대해 알아보겠습니다.

이번에는 MZ세대들의 놀이터로 유명한 더현대서울의 현대백화점을 예로 보겠습니다.

본문 +본문선택+ ∨	첨부 2024.03.18 연결감사보고서 ∨			

문서목차				
감사보고서	자 산 총 계		11,712,592,639	12,069,249,655
독립된 감사인의 감사보고서	부 채			
(첨부)연결재무제표	I. 유 동 부 채		3,446,694,246	3,660,251,198
주석	매입채무및기타채무	5, 17, 34, 35	834,040,161	912,743,301
연결 내부회계관리제도 감사 또는 검	단기차입금	5, 18, 31, 35	923,977,409	1,037,037,073
외부감사 실시내용	유동성예수보증금	5, 35	19,797,926	14,042,442
	유동성장기차입금	5, 18, 31, 35	111,707,574	123,264,712
	선수금	7	424,640,609	528,051,456
	예수금	34	403,829,053	343,505,752
	미지급비용	5, 35	62,107,741	24,528,847
	당기법인세부채		46,913,436	58,974,902
	유동리스부채	5, 16, 31, 34, 35	117,150,539	119,040,877
	유동성사채	5, 18, 31, 35	298,629,945	307,947,779
	기타유동부채	7, 20	203,684,953	190,542,538
	기타금융부채	5, 33, 35	214,900	571,519
	II. 비 유 동 부 채		1,986,770,671	2,041,767,585
	사채	5, 18, 31, 35	828,403,559	626,994,114
	장기차입금	5, 18, 31, 35	58,863,142	168,123,849
	예수보증금	5, 35	16,225,112	19,636,011
	충당부채	21	7,541,167	6,509,442
	비유동리스부채	5, 16, 31, 34, 35	505,363,346	645,806,305
	이연법인세부채	29	559,659,728	564,708,547
	기타비유동부채	20	4,798,282	4,355,387
	기타금융부채	5, 35	5,916,335	5,633,930
	부 채 총 계		5,433,464,917	5,702,018,783

　　부채도 유동부채와 비유동부채로 분류하고 있는데요, 유동성이 큰 부채부터 배열하는 것을 원칙으로 하고 일반적으로 1년 기준으로 유동부채와 비유동부채를 분류합니다.

매입채무

　　회사에서는 매일 수많은 거래가 발생하고 일반적으로 외상으로 거래가 이루어진다고 했습니다. 우리 회사가 상품을 판매하고 바로 돈을 받지 못하는 경우가 있는 것처럼, 우리 회사도 상품을 매입하고 바로 돈을 지급하지 못하는 경우가 있겠죠.

이렇게 외상으로 매입하는 경우, 외상매입금 처리를 해야 하고 회사마다 지급 주기가 정해져 있는 편입니다.

이렇게 영업활동과정에서 발생하는 외상매입금과 지급어음 등을 매입채무라고 분류합니다. 정상적인 영업주기 내에 현금으로 지급할 의무라고도 합니다. 현금을 "지급할" 의무이기 때문에 매입채무는 부채에 포함됩니다.

미지급금

앞에서 미수금에 대해 설명했던 것처럼, 우리 회사의 주된 영업활동은 아니지만 특정 거래로 인해 돈을 지급해야 하는 경우 미지급금으로 분류합니다.

예를 들어, 우리 회사가 공장에서 사용하기 위한 기계장치를 매입하고 아직 돈을 지급하지 않았다면 기계장치 매입대금은 미지급금으로 분류합니다.

미지급비용

회계에는 발생주의와 현금주의가 있다고 했습니다.

미지급비용도 발생주의를 적용할 때 나오는 항목으로 현금 유출과는 관계없이 기간이 경과함에 따라 비용이 발생했다고 보는 것인데요,

2023년 7월 1일에 10,000,000원을 1년 만기, 이자

율 4%로 차입하고 이자비용은 만기 때 지급한다고 가정해 봅시다. 1년 후 만기 때 400,000원 이자비용 (10,000,000 x 4%)을 지급하게 되겠죠.

2023년 12월 31일에 차입금에 대한 우리회사의 이자비용을 기록한다고 했을 때, 만약 현금주의라면 아직 이자를 지급한 것이 없으니 장부에 기록할 내용이 없을 텐데요.

(현금주의)

2023년 12월 31일
장부 기록 없음

2024년 6월 30일		
(차변) 이자비용	400,000	(대변) 예금 400,000

대신 2024년도 이자를 지급하는 시점에 한 번에 400,000원 이자비용을 기록하게 됩니다.

발생주의에서는 아직 이자를 지급하지 않았지만 결산 시점까지의 기간을 확인한 후 이 기간동안 돈을 지급할 의무, 이자를 지급할 의무가 생겼음을 장부에 기록해줍니다.

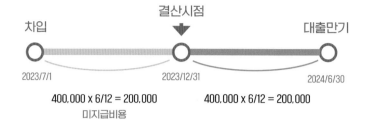

(발생주의)

2023년 12월 31일

(차변) 이자비용　200,000	(대변) 미지급비용　　　200,000

　　돈을 지급할 의무이기 때문에 부채 항목으로 분류합니다.
2024년 6월 30일 만기가 되어 이자를 지급한 경우에는
미지급비용은 없어지고 2024년 1월 1일부터 6개월동안의
이자도 같이 지급할 테니 아래와 같이 장부에 기록합니다.

2024년 6월 30일

(차변) 미지급비용　200,000	(대변) 예금　　　200,000
(차변) 이자비용　200,000	(대변) 예금　　　200,000

　　발생주의에서는 이자비용 400,000원이 23년도와 24년

도로 나뉘어 반영됩니다.

차입금

차입금도 만기에 따라 결산일로부터 1년인 경우 단기차입금, 1년 이후 장기차입금으로 분류합니다.

예수금

예수금은 회사가 나중에 납부하기 위해 일시적으로 보관하는 금액입니다. 예를 들어, 직원들의 소득세 또는 4대 보험료를 미리 금액을 예수금으로 보관하고 부채 항목에 표기했다가 납부하는 시점에 없어집니다.

선수금

선수금은 미리 받은 돈입니다. 만약 우리 회사가 고객에게 상품을 판매하기로 하였는데, 상품이 전달되기 전에 고객이 먼저 상품대금을 입금했다면 선수금으로 처리합니다.

이렇게 잡아놓은 선수금은 매출을 인식하는 시점에 매출로 대체됩니다.

[상품대금 선입금]

(차변) 예금	1,000,000	(대변) 선수금	1,000,000

[상품인도시]

(차변) 선수금	1,000,000	(대변) 상품매출	1,000,000

사채

회사는 자금 조달을 목적으로 채권을 발행할 수 있습니다. 예를 들어, 전자단기사채(STB: Short Term Bond)는 회사가 단기자금조달을 목적으로 발행하는 만기 1년 이하 사채입니다. 예전에는 기업어음(CP: Commercial Paper)을 자금 조달 목적으로 많이 발행했습니다. 전자단기사채는 기업어음과 달리 실물없이 전자로 발행이 되고 액면금액도 낮아서 점차 많이 사용되고 있습니다.

전환사채 (CB: Convertible Bond)는 투자자에게 일정한 조건에 따라 채권을 발행한 회사의 주식으로 전환할 수 있는 권리를 부여한 채권입니다.

신주인수권부사채(BW : Bond with warrant)는 투자자에게 미리 정해진 가격으로 채권을 발행한 회사의 신주를 인수할 수 있는 권리를 부여한 채권입니다.

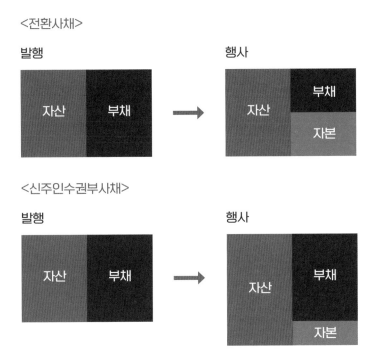

전환사채의 경우 투자자가 주식으로 전환을 하게 되면 해당 사채 부분은 소멸되지만 신주인수권부사채는 인수권을 행사하는 경우, 인수권만 소멸되고 사채 부분은 남아 있습니다.

전환사채, 신주인수권부사채 모두 투자자 입장에서는 조건에 따라 주식으로 전환하거나 신주를 인수할 수 있는 장점이 있기 때문에 일반적인 채권보다는 금리가 낮은 편입니다.

또 요즘 종종 교환사채(EB: Exchangeable Bond)도 볼 수 있는데요, 교환사채는 미리 정해진 비율로 발행회사가 보유하고 있는 자사주 또는 외부 주식으로 교환할 수 있는 권리가 포함된 채권입니다.

충당부채

충당부채는 과거 사건이나 거래의 결과로 현재 의무가 존재하고, 의무를 이행하기 위하여 자원이 유출될 가능성이 매우 높고, 의무의 이행에 소요되는 금액을 신뢰성 있게 추정할 수 있을 경우 재무제표에 인식을 합니다.

다시 말해, 지출 시점, 금액이 확정은 아니지만 가능성이 매우 높고 얼마가 지출될 지에 대해서 추정할 수 있는 경우 예상 금액을 충당부채라는 계정으로 부채에 반영해 줍니다.

예를 들어, 과거 반품율을 토대로 미래 반품율을 추정하여 인식하는 반품충당부채, 판매 이후 수리보증 비용 발생에 대비하여 인식하는 판매보증충당부채, 사무실 임차 기간 만료 후 인테리어 원상 복구 조건이 있을 경우에 발생하는 복구충당부채, 이외에 소송이 패소할 가능성이 높아져 관련 비용 지출이 예상되는 경우 발생하는 소송충당부채 등 다양한 충당부채 형태가 있습니다.

자본

마지막으로 재무상태표에서 마지막 "자본"을 살펴보겠습니다.

자본은 세부 항목에는 회사별로 차이가 있을 수 있지만, 크게 자본금, 자본잉여금, 자본조정, 기타포괄손익누계액, 이익잉여금으로 구분할 수 있습니다.

자본금은 발행주식수 x 1주당 액면금액으로 생각하시면 쉬울 것 같습니다.

자본잉여금은 자본 거래에서 발생하는 금액 중 액면금액을 초과하는 금액으로 생각하시면 됩니다. 예를 들어 주식발행초과금, 감자차익, 자기주식처분이익 등이 있습니다.

자본조정에는 주식할인발행차금, 자기주식, 주식매수선택권, 자기주식처분손실, 감자차손 등이 있습니다.

기타포괄손익누계액은 자본 거래가 아닌 거래에서 발생한 자본의 변동액입니다.

이익잉여금은 기업이 벌어들인 돈에서 외부로 유출되지 않은 금액을 의미합니다. 유보금이라고도 부릅니다. 반대로 지속적으로 적자가 발생하여 이익잉여금 대신에 결손금이 발생할 수도 있습니다.

② 두번째, 손익계산서

재무상태표 다음에 나오는 재무제표는 "손익계산서"입니다. 재무제표를 떠올렸을 때, 얼마 버는지 얼마 쓰는지가 제일 궁금하실 것 같습니다.

손익계산서는 특정 기간 동안의 수익, 비용을 보여주는 표라고 2장에서 설명했습니다.

손익계산서는 이마트로 살펴보려고 합니다.

특정 기간이기 때문에 아래 이마트 손익계산서를 보시면 2023년 1월 1일부터 2023년 12월 31일까지라고 표시하고 있습니다. 1년동안의 경영 성과를 확인할 수 있습니다.

매출액

제일 먼저 나오는 매출액은 영업에서 발생한 수익입니다. 앞에서 회계에는 발생주의와 현금주의가 있다고 설명 드렸습니다. 발생주의에 근거해서 회사가 돈을 받을 권리가 생겼을 때 수익으로 인식하게 됩니다. 여기서 말하는 돈을 받을 권리라고 하는 부분은 회사의 영업활동에 따라 다르게 적용될 수 있는데요, 이마트로 다시 살펴보겠습니다.

이마트 보고서의 수익에 대한 주석을 살펴보면 아래와 같이 수익을 분류하고 있습니다. 이 부분은 한국채택국제회계기준, K-IFRS15 수익에 따른 분류입니다.

32. 수익 :

가. 당기와 전기 중 연결회사의 수익의 구성 내역은 다음과 같습니다(단위 : 백만원).

구 분	당 기	전 기
1.고객과의 계약에서 생기는 수익	29,150,076	29,035,223
한 시점에 이행	27,540,360	27,456,908
기간에 걸쳐 이행	1,609,716	1,578,315
2.기타 원천으로부터의 수익 : 임대수익 등	322,172	297,191
합 계	29,472,248	29,332,414

나. 보고기간종료일 현재 연결회사 고객과의 계약에서 생기는 수익과 관련하여 인식하고 있는 주요 계약부채는 다음과 같습니다(단위:백만원).

구 분	당기말	전기말
고객충성제도(포인트이연수익)	104,928	105,290
상품권	1,405,344	1,317,184
선수금	452,247	387,627

다. 연결회사의 당기 및 전기 중 수익과 관련된 계약부채 회수액은 다음과 같습니다. 이는 고객과의 거래 금액 기준 회수액이며, 일부 거래 유형의 경우 상품 등이 인도되는 시점에 계약부채 중 수수료율 해당액만큼 수수료 수익으로 인식됩니다(단위:백만원).

구 분	당 기	전 기
고객충성제도(포인트이연수익)	575,345	505,869
상품권	1,439,930	1,283,096
선수금	7,134,545	7,753,018

구 분	당기말	전기말
고객충성제도(포인트이연수익)	104,928	105,290
상품권	1,405,344	1,317,184
선수금	452,247	387,627

다. 연결회사의 당기 및 전기 중 수익과 관련된 계약부채 회수액은 다음과 같습니다. 이는 고객과의 거래 금액 기준 회수액이며, 일부 거래 유형의 경우 상품 등이 인도되는 시점에 계약부채 중 수수료율 해당액만큼 수수료 수익으로 인식됩니다(단위:백만원).

구 분	당 기	전 기
고객충성제도(포인트이연수익)	575,345	505,869
상품권	1,439,930	1,283,096
선수금	7,134,545	7,753,018

조금 어렵게 느껴질 수 있으니 이마트가 수익 인식 방법에 대해 적어놓은 부분을 보면서 얘기를 해 보겠습니다.

(1) 재화의 제공

이마트는 대형마트 및 전문점을 운영하면서 고객에게 상품을 판매합니다. 상품 등 판매로 인한 수익은 고객에게 상품 등을 인도하는 시점에 수익을 인식합니다.

고객이 상품금액을 10,000원을 결제하고 쇼핑백에 넣는 시점에 이마트는 상품매출 10,000원을 인식합니다. 그런데 만약 이 과정에서, 이마트가 상품 등을 판매할 때 대리인 역할을 하는 특정매입거래*인 경우에는 이마트가 납품업자로부터 매입했던 특정매입원가 5,000원을 차감하고 순액 5,000원 (판매대가 – 특정매입원가)을 매출로 인식합니다.

(2) 용역제공

이마트는 고객에게 광고매체 제공, 경영자문, 이마트 상호 사용 등의 용역을 제공하고 있다고 하는데요, 이러한 용역의 경우 제공되는 기간에 걸쳐 수익을 인식하고 있습니다. 예를 들어, 경영컨설팅을 12개월동안 제공하는 조건으로 12백만원에 계약을 체결했다면 1개월에 1백만원씩 수익을 인식하게 됩니다.

(3) 고객충성제도

이마트 재무제표에서 확인할 수 있는 항목 중 고객충성제도가 있습니다.

고객충성제도는 포인트, 마일리지 제도로 회사가 고객에게 포인트나 마일리지를 제공하고 고객은 이를 현금처

---

* 특정매입거래 유통업체가 납품업자로부터 상품을 우선 외상으로 매입해서 판매하고 수수료 공제한 대금을 지급해주는 방식으로 백화점, 대형마트에서 많이 이용되는 방식입니다.

럼 사용하게 됩니다. 고객에게 포인트를 지급하고 실제로 포인트를 사용하는 시점까지는 계약부채, 부채 항목으로 관련 금액을 인식합니다. 부채로 인식하고 있다가 고객이 실제로 포인트를 사용하는 시점에 수익으로 인식합니다.

예를 들면, 별커피에서 6,000원짜리 카페라테를 구매하면서 회원번호를 입력하니 60원 포인트가 적립되었다고 하겠습니다.

별커피는 매출 6,000원을 인식해야 할까요? 아닙니다. 6,000원을 카페라테 값으로 받기는 했지만 포인트 60원은 고객에게 지급이 되었을 뿐, 고객이 사용한 부분이 아닙니다.

6,000원을 카페라테와 언젠가 고객이 사용할 포인트로 구분합니다. 1포인트 당 1원이 적용된다고 가정하고 보겠습니다.

[판매시점]

| (차변) 현금 | 6,000 | (대변) 매출 | 5,940 |
| | | 고객충성제도 | 60 |

[포인트 사용시점]

| (차변) 고객충성제도 | 60 | (대변) 매출 | 60 |

(4) 상품권

백화점이나 마트 등에서 상품권을 구입한 적 있으시죠? 회사가 상품권을 판매할 때 수익을 인식할까요? 아닙니다. 상품권을 판매한 시점에는 부채로 인식하고 있다가 실제로 고객에게 재화 등을 인도하거나 판매하면서 상품권을 회수하는 시점에 수익을 인식합니다. 이 밖에도 다양한 형태의 수익이 존재하지만 권리가 확정되는 시점이 포인트가 되겠습니다.

매출원가

회계는 수익-비용 대응의 원칙에 따라 인식합니다. 수익이 있으면 그에 따른 비용도 있어야겠죠.

제품매출이 있다면 제품매출원가(제조원가)가 발생할 것입니다. 제품을 생산하는 데 투입된 비용이겠죠.

제조원가는 크게 재료비, 노무비, 경비로 분류합니다. 3가지 원가가 다시 직접비와 간접비로 구분되는데요, 공시되는 재무제표에서 이러한 제조원가의 상세내역을 보여주지는 않습니다.

예를 들어, 쿠키를 만들어 판매하는 기업에서 쿠키를 만들기 위해 원재료인 밀가루, 초콜렛 등을 매입해서 공정에 투입하면 재료비가 발생합니다. 쿠키 생산공장에서 근무하는 생산직원들에 대한 인건비가 노무비로 투입되고요. 공장 설비 감가상각비, 수도료, 전기세 등의 경비가 발생하겠죠. 판매할 수 있는 쿠키를 제조하기 위해서 이러한 재료비, 노무비, 경비 등이 발생하고 원가를 구성합니다. 기업은 이 모든 원가를 감당하고 어느 정도 마진을 남길지 계산해서 판매단가를 책정하겠죠?

상품매출이 있다면 상품매출원가가 발생할 것입니다. 상품을 납품업자로부터 매입할테니 매입원가가 발생하고 매입하는 과정에서 발생하는 운송료, 보관료 등의 경비가 발생하겠죠.

역시 기업은 이 모든 원가를 감당하고 어느 정도 마진을 남길지 계산해서 판매 단가를 책정하게 됩니다.

판매비와관리비

원가성의 비용이 아닌 판매, 관리 목적으로 발생하는 비용은 판매비와관리비로 분류합니다.

사무관리직원들 인건비, 임차료, 광고선전비, 지급수수료, 판매수수료 등 다양하게 발생합니다.

급여
종업원의 관련 근무용역에 대해 제공하는 비용, 임금, 상여금 등

퇴직급여
종업원의 퇴직시에 지급하는 급여

임차료
토지, 건물, 기계장치 등을 임차하면서 발생하는 비용

감가상각비
유형자산의 원가를 기간에 따라 합리적으로 배분하기 위한 개념

예를 들어, 5,000,000원에 구입한 기계장치가 내용년수가 5년으로 추정된다면 5년동안 1,000,000원씩 감가상각비를 인식하여 기계장치 장부금액을 감소시킵니다.

세금과공과
재산세, 사업소세, 과태료 등

예를 들어, 자산을 구입하면서 발생하는 취득세는 자산의 취득원가에 가산합니다. 법인세와 주민세의 경우에는 법인세비용으로 별도 표기합니다.

경상개발비

개발단계에 발생하는 비용, 조건 충족 시 무형자산으로 인식

대손상각비

외상매출금, 받을어음 등의 채권이 회수불능하게 된 경우

판매수수료

판매에 관한 수수료로 판매회사에 지급하는 비용

결국 수익-비용 대응의 원칙에 따라 인식을 하고 비용은 영업, 영업외로 분류되고 영업비용은 다시 원가, 판매비와관리비로 분류할 수 있습니다.

제 4장

알아두면 좋은
재무제표 변동

자본변동표를
구성하는 자본거래

① 증자

자본금을 증가시키는 방법 중에 유상증자와 무상증자가 있습니다.

1) 유상증자

기업의 자금 조달 방법 중 하나로 신주를 발행하면서 신주대금을 받는 경우가 유상증자에 해당합니다. 유상증자의 종류에는 주주배정, 제3자배정, 일반공모가 있는데요,

주주배정: 기존 주주에게 신주 인수 기회를 부여합니다. 대금을 입금해야 하기 때문에 기존 주주에게 인수 여부를 확인합니다. 만약 정해진 날까지 기존 주주가 청약을 하지 않거나 납입이 이루어지지 않으면 유상 신주를 인수할 권리가 상실되면서 실권주가 발생합니다. 이렇게 발생한 실권주에 대해서는 아래와 같이 일반공모를 진행하기도 합니다.

유상증자 결정		
1. 신주의 종류와 수	보통주식 (주)	30,000,000
	기타주식 (주)	-
2. 1주당 액면가액 (원)		100
3. 증자전 발행주식총수 (주)	보통주식 (주)	61,175,910
	기타주식 (주)	-
4. 자금조달의 목적	시설자금 (원)	8,000,000,000
	영업양수자금 (원)	-
	운영자금 (원)	630,000,000
	채무상환자금 (원)	19,000,000,000
	타법인 증권 취득자금 (원)	4,200,000,000
	기타자금 (원)	-
5. 증자방식		주주배정후 실권주 일반공모

SG/주요사항보고서[유상증자결정]

일반공모: 불특정 다수에게 신주 인수의 기회를 제공하는 방법입니다.

유상증자 결정

1. 신주의 종류와 수	보통주식 (주)	1,862,197
	기타주식 (주)	-
2. 1주당 액면가액 (원)		500
3. 증자전 발행주식총수 (주)	보통주식 (주)	11,886,605
	기타주식 (주)	-
4. 자금조달의 목적	시설자금 (원)	-
	영업양수자금 (원)	-
	운영자금 (원)	9,999,997,890
	채무상환자금 (원)	
	타법인 증권 취득자금 (원)	-
	기타자금 (원)	-
5. 증자방식		제3자배정증자

제주맥주/주요사항보고서(유상증자결정)

제3자배정: 회사가 신주를 발행하는 데, 특정 제3자에게 신주 인수할 기회를 제공하는 경우를 제3자배정증자라고 합니다.

예를 들어 액면가 5,000원짜리 주식 20,000주 보유하고 있는 회사가 5,000원에 1,000주를 유상증자하기로 했다고 가정해 보겠습니다.

(차변) 현금	5,000,000	(대변) 자본금	5,000,000

이러한 회계처리가 발생하고 자본금은 20,000주 x 액면가 5,000인 100,000,000원에서 21,000주 x 액면가

5,000 인 105,000,000원으로 증가하게 됩니다.

만약 회사가 1,000주를 8,000원에 유상증자하기로 했다면 액면금액 5,000원보다 3,000원을 초과한 금액으로 발행하게 되어 아래와 같이 주식발행초과금을 인식하게 됩니다.

(차변) 현금 8,000,000	(대변) 자본금	5,000,000
	(대변) 주식발행초과금	3,000,000

주식발행초과금이 발생하긴 했지만 자본금은 20,000주 x 액면가 5,000 인 100,000,000원에서 21,000주 x 액면가 5,000 인 105,000,000원으로 증가하게 됩니다.

2) 무상증자

신주를 발행하긴 하지만 주식 대금 납입이 없는 경우입니다. 어떻게 가능할까요?

대금 납입이 없는 대신에 회사의 자본잉여금이나 이익잉여금을 자본금에 전입시키고 새로운 주식을 주주들에게 나누어 주는 것입니다.

위의 유상증자에 이어서 회사가 주식발행초과금 3,000,000원을 이용하여 액면가 5,000원 주식 1:1로 무

상증자하기로 했다고 하겠습니다. 총 600주가 새로 발행
되게 됩니다.

(차변) 주식발행초과금 3,000,000	(대변) 자본금 3,000,000

기존 자본금 21,000주 x 액면가 5,000 인 105,000,000
원에서 21,600주 x 액면가 5,000로 108,000,000원으로
늘어나게 됩니다.

또는 회사에 쌓여있는 100,000,000원을 이용하여 액
면가 5,000원 주식 1:1로 무상증자하기로 했다고 하겠습
니다. 총 20,000주가 새로 발행되게 됩니다.

(차변) 미처분이익잉여금 100,000,000	(대변) 자본금 100,000,000

기존 자본금 21,000주 x 액면가 5,000 인 105,000,000
원에서 41,000주 x 액면가 5,000 로 205,000,000원으
로 늘어나게 됩니다.

무상증자 결정

1. 신주의 종류와 수	보통주식 (주)	1,416,783
	기타주식 (주)	-
2. 1주당 액면가액 (원)		500
3. 증자전 발행주식총수	보통주식 (주)	72,508,159
	기타주식 (주)	-
4. 신주배정기준일		2024년 01월 01일
5. 1주당 신주배정 주식수	보통주식 (주)	0.02
	기타주식 (주)	-
6. 신주의 배당기산일		2024년 01월 01일
7. 신주권교부예정일		-
8. 신주의 상장 예정일		2024년 01월 19일
9. 이사회결의일(결정일)		2023년 12월 15일
- 사외이사 참석여부	참석(명)	3
	불참(명)	-
- 감사(감사위원)참석 여부		참석

10. 기타 투자판단에 참고할 사항

1) 무상증자 배정내역

[단위: 주]

구 분	무상증자 전	무상증자 배정내역	무상증자 후
보통주	72,508,159	1,416,783	73,924,942
합 계	72,508,159	1,416,783	73,924,942

2) 신주배정권이 없는 자기주식의 총수: 1,669,001주
3) 신주의 재원: 주식발행초과금
4) 신주의 배정 및 단수주처리: 2024년 1월 1일 0시 현재 주주명부에 등재된 주주(자기주식제외)에 대하여 신주를 배정하되, 1주 미만의 단수주는 보통주의 상장 초일 종가를 기준으로 하여 현금으로 지급함.
5) 상기일정은 관계기관과의 협의과정에서 변경될 수 있음.

출처: 주요사항보고서

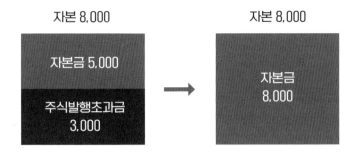

자본 8,000 → 자본 8,000

자본금 5,000

주식발행초과금 3,000

자본금 8,000

주식발행초과금으로 무상증자를 했다고 가정한다면, 자본총액은 동일하지만 주식발행초과금 3,000원이 없어지고 자본금이 3,000원 증가하게 됩니다.

② 감자

증자와는 반대로 자본이 감소하는 감자가 있습니다. 감자에는 무상감자와 유상감자가 있습니다.

1) 유상감자

주주들에게 대금을 지급하고 주식을 돌려받은 후 자본금을 감소시키는 방법

다시 액면가 5,000원짜리 주식 20,000주 보유하고 있는 회사가 유상감자 2,000주를 진행하기로 했다고 가정해 보겠습니다. 주주들에게 1주당 10,000원을 지급하기

로 했다고 한다면

액면금액 5,000원보다 더 많은 돈을 지급하고 주식을 가져오기 때문에 회사 입장에서는 1주당 5,000원의 손실이 발생합니다. 이 손실이 감자차손(자본조정)으로 반영됩니다.

(차변) 자본금 10,000,000	(대변) 보통예금 20,000,000
감자차손 10,000,000	

감자 후에는 기존 자본금 액면가 5,000원 x 20,000주인 100,000,000원에서 액면가 5,000원 x 18,000주인 90,000,000원으로 자본금이 변동하게 됩니다.

2) 무상감자

주주들에게 보상없이 자본금을 감소시키는 방법

무상감자는 대금 지급 없이 자본금을 감소시킵니다.

예를 들어 액면가 5,000원짜리 주식 20,000주 보유하고 있는 회사가 무상감자 2,000주를 진행하기로 했다고 가정해 보겠습니다. 주주들에게 1주당 지급하는 금액이 없기 때문에 회사 입장에서는 1주당 5,000원의 이익이 발생하여 감자차익(자본잉여금)으로 반영하게 됩니다.

| (차변) 자본금 10,000,000 | (대변) 감자차익 10,000,000 |

만약 회사에 결손금이 8,000,000원 쌓여 있다면 이 금액을 먼저 정리합니다.

| (차변) 자본금 10,000,000 | (대변) 미처리결손금 8,000,000 |
| | 감자차익 2,000,000 |

감자 후에도 역시 기존 자본금 액면가 5,000원 x 20,000주인 100,000,000원에서 액면가 5,000원 x 18,000주인 90,000,000으로 자본금이 변동하게 됩니다.

무상감자를 하게 되면 이렇게 감자차익(자본잉여금)이 발생하거나 결손금을 보전하게 되기 때문에 재무구조를 개선할 수 있게 됩니다.

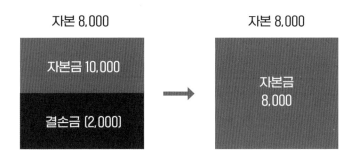

자본총액은 8,000원으로 동일하지만 결손금 보전을 통

한 무상증자를 통해서 자본구조는 이렇게 변하게 됩니다. 기존에 결손금 때문에 자본금보다 자본총액이 낮았던 상태에서 자본금과 자본이 동일하게 변하면서 자본잠식상태에서 벗어난 것처럼 보입니다.

③ 배당

회사에 미처분이익잉여금이 쌓여있는 경우에는 주주총회 결의를 통해 주주들에게 배당금 지급을 고려할 수 있습니다. 다만 상법 462조에 따라 배당액에는 한도가 있습니다. 주주총회일에 주식수 20,000주에 대해 1주당 500원 배당금에 대해 결의를 했을 때, 아래와 같이 회계처리가 필요합니다.

[결의일]

(차변) 미처분이익잉여금 10,000,000	(대변) 미지급배당금 10,000,000

[지급일]

(차변) 미지급배당금 10,000,000	(대변) 보통예금 10,000,000

수식배당 결정		
1. 1주당 배당주식수 (주)	보통주식	0.1
	종류주식	-
2. 배당주식총수 (주)	보통주식	5,863,682
	종류주식	-
3. 발행주식총수(주)	보통주식	61,563,241
	종류주식	-
4. 배당기준일		2023-12-31
5. 이사회결의일(결정일)		2023-11-30
-사외이사 참석여부	참석(명)	1
	불참(명)	1
-감사(감사위원) 참석여부		참석
6. 기타 투자판단과 관련한 중요사항		
1. 상기 주식배당(안)은 제44기(2023.01.01~2023.12.31) 정기주주총회 안건으로 상정될 예정이며, 주주총회 결의과정에서 변경될 수 있습니다. 2. 상기 2항의 배당주식총수는 발행주식총수 61,563,241주에서 자기주식 2,926,419주를 제외한 58,636,822주를 기준으로 산정하였습니다. 3. 1주 미만의 단주에 대해서는 제44기 정기주주총회 전일종가를 기준으로 환산하여 현금으로 지급할 예정입니다.		
❈ 관련공시		-

출처: 주요사항보고서

최근에 주식배당을 결의하는 회사들이 많아지고 있는데요, 발행주식수 20,000주의 회사가 1주당 0.1주 배당을 진행하기로 했다면 아래와 같이 회계처리가 발생합니다.

[결의일]

(차변) 미처분이익잉여금 10,000,000	(대변) 미교부주식 10,000,000

[지급일]

(차변) 미교부주식 10,000,000	(대변) 자본금 10,000,000

주식 배당의 경우, 지급일에 현금이 외부로 유출되지 않
고 다시 자본금으로 인식되는 것을 확인할 수 있습니다.

기존 자본금 액면가 5,000원 x 20,000주인 100,000,000
원에서 22,000주 x 액면가 5,000원인 110,000,000원으
로 자본금이 증가하게 됩니다.

상법 제462조(이익의 배당)

① 회사는 대차대조표의 순자산액으로부터 다음의 금액을 공제
한 액을 한도로 하여 이익배당을 할 수 있다.

1. 자본금의 액
2. 그 결산기까지 적립된 자본준비금과 이익준비금의 합계액
3. 그 결산기에 적립하여야 할 이익준비금의 액
4. 대통령령으로 정하는 미실현이익

② 이익배당은 주주총회의 결의로 정한다. 다만, 제449조의2제
1항에 따라 재무제표를 이사회가 승인하는 경우에는 이사회
의 결의로 정한다.
③ 제1항을 위반하여 이익을 배당한 경우에 회사채권자는 배당한
이익을 회사에 반환할 것을 청구할 수 있다.
④ 제3항의 청구에 관한 소에 대하여는 제186조를 준용한다.

① 자기주식

자기주식은 자사주라고도 흔히 부르는데, 회사가 회사 주식을 시장에서 다시 매입해서 보유하는 형태를 의미합니다.

1) 자기주식 취득

자기주식은 시장에서 매입하기 때문에 액면금액과 별개로 생각해야 합니다.

만약 회사가 발행한 주식이 20,000주, 액면금액 5,000원이고 자기주식 2,000주를 1주당 10,000원에 취득했다면 회계처리는 아래와 같습니다.

(차변) 자기주식 20,000,000	(대변) 보통예금 20,000,000

재무상태표 자본항목에는 아래와 같이 표기됩니다.

(취득 전)
자본금 100,000,000 (=20,000주 x @5,000)
자본조정
잉여금
미처분이익잉여금 10,000,000
자본합계 110,000,000

(취득후)
자본금 100,000,000 (=20,000주 x @5,000)
자본조정
자기주식 (20,000,000 (=2,000주 x @10,000))
잉여금
미처분이익잉여금 10,000,000
자본합계 90,000,000

이렇게 회사가 자기주식을 취득하게 되면 시장에 유통

되는 주식수가 20,000주에서 18,000주로 감소하게 됩니다.

DART 주요사항보고서에서 자기주식취득결정을 확인할 수 있습니다. 보고서를 통해 자기주식 취득 목적, 취득 방법, 취득기간 등에 대한 내역을 확인할 수 있습니다.

자기주식 취득 결정

1. 취득예정주식(주)		보통주식	830,000
		기타주식	-
2. 취득예정금액(원)		보통주식	199,200,000,000
		기타주식	-
3. 취득예상기간		시작일	2024.03.27
		종료일	2024.06.26
4. 보유예상기간		시작일	-
		종료일	-
5. 취득목적			자기주식 취득 및 소각을 통한 주주가치 제고
6. 취득방법			유가증권시장에서의 직접 취득
7. 위탁투자중개업자			미래에셋증권 (MIRAE ASSET SECURITIES CO., LTD.)
8. 취득 전 자기주식 보유현황	배당가능이익 범위 내 취득(주)	보통주식	- 비율(%) -
		기타주식	- 비율(%) -
	기타취득(주)	보통주식	2,150,621 비율(%) 4.4
		기타주식	- 비율(%) -
9. 취득결정일			2024.03.26
- 사외이사참석여부		참석(명)	5
		불참(명)	0
- 감사(사외이사가 아닌 감사위원)참석여부			-
10. 1일 매수 주문수량 한도		보통주식	83,000
		기타주식	-

2) 자기주식 처분

반대로 회사가 유통주식수를 늘리기 위해 보유하고 있던 자기주식을 다시 시장에 처분할 수 있겠죠. 앞에서 회사가 발행한 주식이 20,000주, 액면금액 5,000원이고 자기주식 2,000주를 1주당 10,000원에 취득했던 예시를 살펴보았습니다. 여기서 다시 자기주식 1,000주를 1주당 12,000원에 처분했다고 가정해 보겠습니다.

(차변) 보통예금 12,000,000	(대변) 자기주식 10,000,000
	자기주식처분이익 2,000,000

재무상태표 자본항목에는 아래와 같이 표기됩니다.

(처분 전)

자본금 100,000,000 (=20,000주 x @5,000)

자본조정

    자기주식 (20,000,000 (=2,000주 x @10,000))

자본잉여금

잉여금

    미처분이익잉여금 10,000,000

자본합계 90,000,000

(처분 후)

자본금 100,000,000 (=20,000주 x @5,000)

자본조정

    자기주식 (10,000,000 (=1,000주 x @10,000))

자본잉여금

    자기주식처분이익 2,000,000

잉여금

미처분이익잉여금 10,000,000

자본합계 102,000,000

자기주식처분도 DART 주요사항보고서 자기주식 처분 결정을 통해 확인할 수 있습니다.

자기주식 처분 결정

1. 처분예정주식(주)		보통주식	1,848
		기타주식	-
2. 처분 대상 주식가격(원)		보통주식	81,100
		기타주식	-
3. 처분예정금액(원)		보통주식	149,872,800
		기타주식	-
4. 처분예정기간		시작일	2024년 06월 03일
		종료일	2024년 07월 02일
5. 처분목적			기업가치와 연계된 사외이사 보수 지급
6. 처분방법	시장을 통한 매도(주)		-
	시간외대량매매(주)		-
	장외처분(주)		1,848
	기 타(주)		-
7. 위탁투자중개업자			SK증권
8. 처분 전 자기주식 보유현황	배당가능이익 범위 내 취득(주)	보통주식	1,422,674 비율(%) 1.06
		기타주식	- 비율(%) -
	기타취득(주)	보통주식	- 비율(%) -
		기타주식	- 비율(%) -
9. 처분결정일			2024년 05월 30일
- 사외이사참석여부		참석(명)	3
		불참(명)	-
- 감사(사외이사가 아닌 감사위원)참석여부			-
10. 1일 매도 주문수량 한도		보통주식	
		기타주식	

처분기간, 목적, 방법 등에 대해서 확인할 수 있습니다.

3) 자기주식 소각

최근에 기업들이 기업가치를 올리는 방법 중 하나로 자기주식 소각을 택하는 경우가 많습니다. 자기주식 소각은 다시 자본금으로 소각하는 감자소각과 이익잉여금으로 소각하는 이익소각으로 구분할 수 있습니다.

감자소각을 먼저 보겠습니다.

회사가 보유하고 있던 1주당 10,000원으로 취득했던 자기주식 1,000주를 자본금으로 소각하기로 했다고 가정해 보겠습니다. 자본금으로 소각하는 경우에는 자본금 액면금액을 제거합니다.

(차변) 보통예금	5,000,000	(대변) 자기주식	10,000,000
감자차손	5,000,000		

자본금 100,000,000 (=20,000주 x @5,000)

자본조정

    자기주식 (10,000,000 (=1,000주 x @10,000))

자본잉여금

    자기주식처분이익 2,000,000

잉여금

    미처분이익잉여금 10,000,000

자본합계 102,000,000

자본금 95,000,000 (=19,000주 x @5,000)

자본조정

    감자차손 (5,000,000)

자본잉여금

    자기주식처분이익 2,000,000

잉여금

    미처분이익잉여금 10,000,000

자본합계 102,000,000

이러한 감자 소각에 의한 감자 결정은 DART 주요사항 보고서에서 아래와 같이 공시합니다.

감자 결정

1. 감자주식의 종류와 수	보통주식 (주)		42,279
	기타주식 (주)		-
2. 1주당 액면가액 (원)			5,000
3. 감자전후 자본금		감자전 (원)	감자후 (원)
		107,063,575,000	106,852,180,000
4. 감자전후 발행주식수	구 분	감자전 (주)	감자후 (주)
	보통주식(주)	19,606,262	19,563,983
	기타주식(주)	-	-
5. 감자비율	보통주식 (%)		0.22
	기타주식 (%)		-
6. 감자기준일			2024년 04월 30일
7. 감자방법			자기주식 소각
8. 감자사유			2023년 인적분할 과정에서 취득한 자기주식을 소각함에 따른 주주가치 제고
9. 감자일정	주주총회 예정일		2024년 03월 29일
	명의개서정지기간		-
	구주권 제출기간	시작일	-
		종료일	-
	매매거래 정지예정기간	시작일	-
		종료일	-
	신주권교부예정일		-
	신주상장예정일		2024년 05월 17일

이익잉여금으로 소각하는 경우는 아래처럼 회계처리가 필요합니다.

(차변) 미처분이익잉여금 10,000,000	(대변) 자기주식 10,000,000

자본금 100,000,000 (=20,000주 x @5,000)

자본조정

자기주식 (10,000,000 (=1,000주 x @10,000))

자본잉여금

자기주식처분이익 2,000,000

잉여금

미처분이익잉여금 10,000,000

자본합계 102,000,000

자본금 100,000,000 (=> 19,000주 x @5,000 와 불일치함)

자본조정

자본잉여금

자기주식처분이익 2,000,000

잉여금

자본합계 102,000,000

역시 DART에서 주식 소각 결정으로 확인할 수 있습니다.

주식소각 결정

1. 소각할 주식의 종류와 수	보통주식 (주)	68,597	
	종류주식 (주)	-	
2. 발행주식총수	보통주식 (주)	11,694,474	
	종류주식 (주)	-	
3. 1주당 가액(원)		31,142	
4. 소각예정금액(원)		2,136,247,774	
5. 소각을 위한 자기주식 취득 예정기간	시작일	-	
	종료일	-	
6. 소각할 주식의 취득방법		기취득 자기주식	
7. 소각 예정일		2024-04-19	
8. 자기주식 취득 위탁 투자중개업자		-	
9. 이사회결의일		2024-03-27	
-사외이사 참석여부	참석(명)	3	
	불참(명)	0	
-감사(감사위원) 참석여부		참석	
10. 공정거래위원회 신고대상 여부		해당	
11. 기타 투자판단에 참고할 사항		- 본 공시는 당사의 '기 보유 자기주식 소각'에 대한 이사회 결의에 따른 공시사항입니다. - 상기 1. 소각대상 주식은 배당가능이익 범위 내에서 취득한 자기주식을 상법 제343조 제1항 단서에 의거하여 소각하는 건으로 주식수는 감소하나 자본금의 감소는 없습니다. - 상기 4. 소각예정금액(원)은 소각대상 자기주식의 취득단가 기준입니다. - 상기 7. 소각예정일은 이사회결의에 의하며, 관계기관 협의에 따라 변동될 수 있습니다. - 자기주식 소각의 목적 : 주주가치 제고 - 본 공시로 주요사항보고서인 자기주식처분 공시를 갈음합니다.	
		※관련공시	-

자기주식을 이익잉여금으로 소각하는 경우, 발행주식수가 소각한 자기주식만큼 감소하지만 자본금을 이용하지

않았기 때문에 자본금에는 변동이 없습니다.

따라서 자본금은 액면금액 x 발행주식수인데, 이익잉여금으로 자기주식을 소각하는 경우 이 수식이 성립하지 않게 됩니다.

이익소각으로 인해 수식이 성립하지 않기 때문에 보고서에 이렇게 이익소각으로 인해 주식수에 대한 액면금액과 자본금액이 일치하지 않음을 기재하고 있습니다.

회사는 2020년 및 2023년 중 자기주식 각각 1,632,000주와 1,722,806주를 이익소각하였으며, 동 이익소각의 결과로 발행주식의 액면금액과 납입자본금이 일치하지 않습니다. 또한, 회사는 2020년 중 소유주식 1주당 0.5주의 비율로 신주를 배정하는 무상증자를 시행하였습니다.

---

⑤ 주식매수선택권

스톡옵션 많이 들어보셨죠, 주식매수선택권이 stock option을 의미합니다.

보통 스타트업에서 입사 조건으로 주식매수선택권을 주는 경우가 있는데요, 받자마자 돈이 되는 건 아닙니다. 말 그대로 주식을 매수할 수 있는, 선택할 수 있는 권리를 주는 것입니다. 주식매수선택권은 회사가 일정 기간동안 미리 정해진 가격으로 주식을 매수할 수 있는 권리를 부여하는 것입니다. 행사기간과 행사가격이 사전에 정해지고 보통 행사까지 몇 년 이상 근무 조건을 부여합니다.

예를 들어, 회사가 A이사에게 4년동안 행사가 가능한 행사가격이 100,000원인 주식매수선택권을 부여했다고 가정해 보겠습니다. A이사는 4년동안 주식매수선택권을 행사하면 현재 주가와 상관없이 회사의 주식을 100,000원에 매수할 수 있습니다.

3년이 지난 후 회사의 주가가 250,000원이 되어 A이사가 주식매수선택권을 행사하기로 했습니다. A이사는 주식을 100,000원에 매수하고 시장에 250,000원에 매도하여 150,000원의 차익을 얻을 수 있습니다. 반대로 3년 후 회사가 주가가 70,000원이라고 가정한다면 A이사는 주식매수선택권을 행사할 이유가 없겠죠.

A이사가 주식매수선택권을 행사한다면 회사의 입장에서는 어떻게 되는 걸까요?

주식결제형과 현금결제형으로 구분할 수 있습니다. 주식결제형은 다시 신주발행교부형과 자기주식교부형으로 구분할 수 있습니다. A이사가 주식매수선택권을 행사했을 때, 회사가 신주를 발행해서 주는지 아니면 회사가 보유하고 있던 자기주식을 주는 지로 구분하게 되는 것입니다.

신주발행교부형은 A이사가 주식매수선택권을 행사한다면 신주를 발행하면서 자본이 증가하게 되겠죠. A이사의 행사를 대비하여 매년 비용(주식보상비용)을 인식하고 행사 여부가 불확실하기 때문에 일단 주식매수선택권(자본조정)을 쌓아줍니다.

[인식]

(차변) 주식보상비용	xxx	(대변) 주식매수선택권	xxx

만약 A이사가 주식매수선택권을 행사하게 되면 쌓아 놓았던 주식매수선택권이 없어지고 자본금이 생겨납니다.

[행사]

(차변) 현금	xxx	(대변) 자본금	xxx
주식매수선택권	xxx	주식발행초과금	xxx

여기서 현금은 A이사의 행사가격을 의미하고 A이사는 행사가격에 해당하는 현금을 회사에 지불하고 주식을 받게 됩니다.

자기주식교부형은 A이사가 주식매수선택권을 행사한다면 회사가 보유하고 있던 자기주식을 넘깁니다. 역시 A이사의 행사를 대비하여 매년 비용(주식보상비용)을 인식하

고 행사 여부가 불확실하기 때문에 일단 주식매수선택권
(자본조정)을 쌓아줍니다.

[인식]

(차변) 주식보상비용	xxx	(대변) 주식매수선택권	xxx

만약 A이사가 주식매수선택권을 행사하게 되면 보유하
고 있던 자기주식이 없어지고 결과적으로는 자본이 증가
하게 됩니다.

[행사]

(차변) 현금	xxx	(대변) 자기주식	xxx
주식매수선택권	xxx	자기주식처분이익	xxx

현금결제형의 경우 보통 주가차액보상권을 의미하는데,
예를 들어 주가가 250,000원이 되어 A이사가 행사를 하
기로 했다면 주식으로 결제되는 것이 아니고 행사가격인
100,000원과 현재 주가의 차액인 150,000원을 A이사에
게 지급해 줍니다.

갑자기 돈이 유출될 수 있으니 회사에서는 매년 공정가
치와 수량을 확인하면서 행사를 대비하면서 미리 비용(주
식보상비용)을 인식하고 부채를 쌓게 됩니다.

[인식]

(차변) 주식보상비용	xxx	(대변) 미지급비용	xxx

이후 임직원의 주식매수선택권 행사 시 현금결제를 하게 됩니다.

[행사]

(차변) 미지급비용	xxx	(대변) 보통예금	xxx

현금결제형 주식매수선택권의 경우, 회사 입장에서는 행사 전까지 매년 부채를 인식하게 되는 결과가 됩니다.

⑥ 주식분할

주식분할 중 액면분할, 인적분할, 물적분할을 살펴보겠습니다.

1) 액면분할

액면분할은 현재의 액면가를 비율에 따라 나누어 주식 수를 증가시킵니다.

예로 액면분할은 액면가 5,000원 주식 1주를 액면가 500원짜리 10주로 분할할 수 있습니다. 이렇게 되면 주식수는 증가하고 자본금은 변동이 없어 추가 회계처리가 없습니다.

2) 인적분할

인적분할은 기존 주주들이 신설되는 법인의 주식을 기존과 동일한 비율대로 갖게 되는 형태입니다.

회사의 특정 사업부문을 분할하여 신설 법인을 설립하고 기존 지분율에 비례하게 신설 법인의 주식을 배정하는 수평적 형태를 보입니다.

인적분할의 경우 이러한 구조가 됩니다.

최근에 한화에어로스페이스가 인적분할 공시를 진행했습니다. 회사분할결정에 대한 사항도 DART에서 조회가 가능합니다.

회사분할 결정
(1) 상법 제530조의2 내지 제530조의11의 규정이 정하는 바에 따라 분할회사는 분할대상사업부문 을 분할하여 분할신설회사를 설립하고, 분할존속회사는 상장법인으로 존속한다. - 분할존속회사: 한화에어로스페이스 주식회사 - 분할존속회사의 사업부문: 항공기 가스터빈 엔진 및 구성품, 자주포, 장갑차, 우주발사체, 위성시스템 등의 생산 및 판매와 IT기술을 활용한 서비스 제공업 등을 영위하는 사업 부문 - 분할신설회사: 한화인더스트리얼솔루션즈 주식회사(가칭) - 분할신설회사의 사업부문: 시큐리티, 칩마운터, 반도체장비 등의 생산 및 판매하는 피투자회사 지분의 관리 및 신규투자 등을 영위하는 사업부문(분할대상사업부문) 주1) 분할신설회사의 상호는 분할계획서 승인을 위한 주주총회에서 변경될 수 있음. 주2) 분할존속회사 및 분할신설회사가 영위하는 사업부문은 각 회사 정관의 첨부에 따름. (2) 상법 제530조의2 내지 제530조의11의 규정이 정하는 바에 따라 분할회사의 주주가 분할신주 배정기준일 현재의 지분율에 비례하여 분할신설회사의 주식을 배정받는 인적분할의 방식으로 분할하되, 상기 내용과 같이 분할회사가 영위하는 사업 중 분할대상사업부문을 분할하여 분할신설회사를 설립하고, 분할회사는 존속하여 분할대상사업부문을 제외한 항공기 가스터빈 엔진 및 구성품, 자주포, 장갑차, 우주발사체, 위성시스템 등의 생산 및 판매와 IT기술을 활용한 서비스 제공업 등을 영위하는 방산사업 부문을 영위하게 된다. 본건 분할 후 분할신설회사의 발행주식은 한국거래소의 유가증권시장상장규정에 따른 재상장 심사를 거쳐 한국거래소 유가증권시장에 재상장할 예정이며, 분할존속회사의 발행주식은 변경상장할 예정이다. (3) 분할기일은 2024년 9월 1일 0시로 한다. 다만, 분할회사의 이사회의 결의로 분할기일을 변경할 수 있다.

3) 물적분할

물적분할은 회사가 특정 사업부문을 분할하여 신설 법인을 설립하고 신설법인의 주식을 회사가 소유하는 형태입니다. 기존 주주들에게 주식이 배부되는 것이 아니고 법인이 주주가 되는 형태로 수직적 형태를 보입니다.

물적분할의 경우 이러한 구조가 됩니다.

2020년도에 LG화학이 전지사업부문을 분할하여 LG에너지솔루션을 설립할 때 물적분할 공시를 진행했습니다.

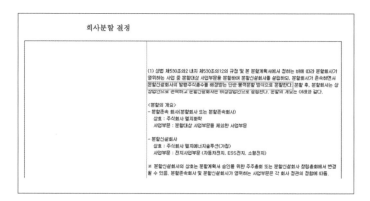

⑦ 주식병합

액면분할과 반대로 액면병합이 있습니다. 액면가 500원짜리 10주를 액면병합을 통해 액면가 5,000원짜리 주식 1주로 병합할 수 있습니다. 이렇게 되면 주식수는 감소하고 자본금은 변동이 없습니다.

중요한 건
현금흐름표

이제 현금흐름표에 대해 다시 알아보겠습니다. 발생주의 회계에서는 거래가 발생했을 때, 아직 돈을 받지 않았더라도 돈을 받을 권리가 생겼다면 수익을 인식할 수 있습니다. 마찬가지로 아직 돈을 지급하지 않았더라도 돈을 지급할 의무가 생겼다면 비용을 인식할 수 있습니다. 이렇게 발생주의에 근거한 재무제표에서는 회사의 현금흐름을 파악하기 어렵습니다.

그래서 회사의 현금의 유입과 유출을 표시하는 현금흐름표는 회사의 현금흐름을 파악할 수 있는 중요한 재무제표가 되는 것입니다.

예를 들어 현금 1천만원을 보유하고 있던 우리 회사가 새로운 생산라인을 구축하기 위해서 은행에서 1억원을 빌렸다고 해 보겠습니다. 차입금 1억원으로 회사는 생산직 직원 급여 3천만원, 경비 1천만원, 원재료 3천만원, 기계장치 구입 2천만원을 하고 보니 현금잔고가 2천만원입니다. 이때 A회사가 우리 회사에서 생산한 제품을 외상으로 1억원 구입했습니다. 우리 회사는 매출 1억원을 장부에 기록했습니다.

<재무상태표>

(자산)	(부채)
현금 20,000,000	차입금 100,000,000
외상매출금 100,000,000	(자본)
기계장치 20,000,000	자본금 10,000,000
기계장치감가상각누계액	이익잉여금 26,000,000
(4,000,000)	

<손익계산서>

제품매출	100,000,000
매출원가	(74,000,000)
당기순이익	26,000,000

몇 개월이 지나고 A회사가 부도가 발생하여 외상대금을 지급할 수가 없다고 연락이 왔습니다. 우리 회사도 은행 차입금 1억원을 상환해야 하는 데 현금잔고는 2천만원 밖에 없습니다. 분명 손익계산서에 매출 1억원이 기록되었음에도 불구하고 우리 회사는 차입금을 상환할 현금이 부족합니다.

재무상태표랑 손익계산서만 본다면, 매출이 발생하고 있어 문제가 없다 생각할 수 있습니다.

<현금흐름표>

영업현금흐름 (70,000,000)

투자현금흐름 (20,000,000)

재무현금흐름 100,000,000

현금변동 10,000,000

현금흐름표를 작성해 본다면 이렇게 되는데요, 매출 1억원이 기록되어 있어 문제가 없을 것이라 생각했던 회사의 영업현금흐름은 어떨까요? 70,000,000원 유출로 표기됩니다. 따라서 이 회사가 영업으로 현금을 잘 벌어들이고 있는지도 현금흐름표를 통해서 꼭 확인해 줘야 합니다.

영업활동

회사의 영업활동에서 발생하는 현금흐름을 보여줍니다. 영업활동이 양수면 돈이 유입되고 있다는 것입니다.

위의 예에서 영업현금흐름이 어떻게 -70,000,000원이 나왔는지 확인해 보겠습니다.

당기순이익 26,000,000원이 발생했습니다. 여기에 공장 기계장치 감가상각비 4,000,000원은 실제로 현금이 유출되면서 발생한 비용이 아니기 때문에 비용을 취소해 줍니다. 그리고 A회사가 외상으로 제품을 구입해가면서 1억원의 외상매출금이 발생했습니다. 외상매출금이 회수가 되지 않았기 때문에 역시 1억원을 차감합니다.

당기순이익	26,000,000
감가상각비	4,000,000
외상매출금변동	(100,000,000)
영업활동현금흐름	(70,000,000)

투자활동

회사의 투자활동에서 발생하는 현금흐름을 보여줍니다. 예를 들어, 유형자산을 취득하거나 처분하는 활동, 금융상품에 가입하는 활동에서의 현금흐름이 표기됩니다. 영업 외의 회사의 투자 활동에서 현금이 얼마나 유입되고 얼마나 유출되는지를 확인할 수 있습니다.

새로운 투자활동을 하면 돈이 유출되고 음수표시가 되기 때문에 투자활동현금흐름이 음수인 경우에는 회사가 어떤 투자활동을 하고 있는지를 확인해 봐야 합니다.

위의 예에서 투자활동 현금흐름이 왜 -20,000,000원일까요?

기계장치 구입에 2천만원을 사용했기 때문에 유형자산 취득은 투자활동으로 분류하고 있어 현금유출 20,000,000원으로 투자활동 현금흐름 (20,000,000) 표기합니다.

재무활동

재무활동에서 발생하는 현금흐름입니다. 예를 들어 차입금을 차입하거나 상환하는 활동, 주주에게 배당금을 지급하는 활동, 유상증자를 통해 주주에게 돈을 수령하는 경우를 현금흐름을 확인할 수 있습니다. 재무활동을 통해서 회사가 얼마나 차입을 했는지, 얼마나 상환하고 있는지 등을 확인할 수 있습니다.

재무활동은 회사가 생산라인 구축을 위해 은행에서 차입금 1억원을 차입했다고 했습니다.

이렇게 유입된 1억원이 재무활동으로 분류되고 현금 유입 100,000,000원으로 재무활동 현금흐름 100,000,000으로 표기합니다.

<현금흐름표>

영업활동현금흐름 (10,000,000)	
당기순이익 26,000,000	
현금유출이 없는 비용 4,000,000	
자산부채의 변동	
외상매출금 (100,000,000)	
투자활동현금흐름 (20,000,000)	
기계장치의 취득 (20,000,000)	
재무활동현금흐름 100,000,000	
차입금 증가 100,000,000	
현금의 증감 10,000,000	
기초현금 10,000,000	
기말현금 20,000,000	

이렇게 영업활동, 투자활동, 재무활동에서 발생한 현금흐름을 다 합치면 그 해의 현금흐름을 확인할 수 있습니다.

만약, 회사가 영업으로 벌어들이는 돈으로 꾸준히 새로운 투자를 진행하고 은행차입금을 상환 중이라면 어떻게 표기될까요? 영업활동현금흐름 +, 투자활동현금흐름 -, 재무활동현금흐름 - 로 표기되겠죠.

만약, 회사가 영업으로 벌어들이는 돈이 없어서 갖고 있던 자산을 지속적으로 처분하고 은행 차입, 유상증자를 진행했다면 어떻게 표기될까요? 영업활동현금흐름 -, 투자활동현금흐름 +, 재무활동현금흐름 + 로 표기되겠죠.

단순하게 어떤 현금흐름이 좋다 나쁘다 일반화할 수는 없기 때문에 현금흐름표의 각 항목들을 유심히 보면서 어떤 이유로 돈이 들어오고 나가는지 확인해야 합니다.

이렇게 재무제표에 대해서 살펴보고 꼭 알고 있으면 좋을 재무용어에 대해서 마지막으로 이야기하고 마치겠습니다.

부록

Key가 되는
재무용어

부록

Key가 되는
재무용어

PER

PER는 Price Earning Ratio의 약자로 주가수익비율을 의미합니다.

PER=P/EPS, 주가를 1주당 순이익으로 나누어 계산하거나 시가총액을 당기순이익으로 나누어 계산할 수 있습니다. 회사의 1주당 가격이 1주당 순이익에 비해 얼마나 높은 지, 낮은 지 확인할 수 있습니다. 그럼 PER가 높으면 고평가일까요? 알 수 없습니다. PER는 상대가치 개념이기 때문에 우리 회사와 유사한 업종의 비교 대상을 찾아서 우리 회사가 비교 대상에 비해 어느 정도 수준인지 평가할 수 있습니다.

PBR

PBR은 Price Book-value Ratio의 약자로 주가순자산 비율을 의미합니다.

PBR=P/BPS, 주가를 1주당 순자산금액으로 나누거나 시가총액을 순자산금액으로 나누어 계산할 수 있습니다. 회사의 1주당 가격이 1주당 순자산에 비해 얼마나 높은 지, 낮은지 확인할 수 있습니다.

PBR이 1보다 낮으면 저평가된 기업일까요? 맞을 수도 있고 틀릴 수도 있습니다. 업종의 특수성이 있을 수도 있고 회사의 개별적인 상황이 있을지도 모릅니다.

여러 지표를 놓고 다양한 관점에서 해석을 해야 합니다.

PCR

PCR은 Price Cash flow Ratio, 주가현금흐름비율을 의미합니다.

PCR=P/CPS, 주가를 1주당 (영업)현금흐름으로 나누어 계산할 수 있습니다. 영업현금흐름 대비 주가가 얼마나 높은지, 낮은지를 확인하는 지표로 현금흐름이 강조되고 있습니다.

EPS

위의 PER를 P/EPS로 구한다고 했습니다. EPS는 Earning Per Share의 약자로 당기순이익을 유통주식수로 나누어 계산합니다.

1주당 얼마의 이익을 창출하고 있는지를 확인할 수 있는지표입니다.

BPS

위에서 PBR은 P/BPS로 구한다고 했습니다. BPS는 Book-value Per Share의 약자로 순자산(자산-부채) 금액을 유통주식수로 나누어 계산합니다.

1주당 순자산금액이 얼마인지를 확인할 수 있는지표로 사용할 수 있습니다.

EBIT

EBIT는 Earnings Before Interest and Taxes의 약자입니다. 그대로 풀어보면 이자비용과 세금을 차감하기 전의 순이익입니다.

기업의 영업이익을 대신해서 많이 사용하지만 꼭 영업이익과 금액이 같다고 할 수는 없습니다. 영업이익은 기업의 매출 - 매출원가 - 판매관리비를 차감한 금액인데, EBIT는 위의 식에서 보는 것처럼 이자비용과 세금을 차감하기 전 금액이니까 영업외손익에 다양한 금액들이 있다면 차이가 발생할 수 있겠죠. 그래서 EBIT는 당기순이익에 세금과 이자비용을 더해서 계산하기도 합니다.

EBITDA

EBITDA는 Earnings Before Interest, Taxes, Depreciation, and Amortization의 약자입니다. 해석해 보면 이자비용, 세금, 상각비를 제외한 순이익입니다.

EBIT에서 상각비를 추가로 제외하고 있습니다. 상각비는 실제로 현금이 유출되는 비용이 아닙니다. EBITDA에서는 이렇게 현금이 유출되지 않는 상각비를 차감하기 전의 금액을 살펴보는 개념으로 EBIT보다는 현금 창출 능력을 좀 더 확인하는 지표입니다.

예를 들어, 설비투자를 진행하여 매년 상각비가 100씩 발생하는 회사를 보겠습니다.

EBIT가 200일 경우, EBITDA는 200+100인 300이 산출되겠죠. 현금이 유출되지 않는 상각비 100을 제외하고 보니 EBITDA가 더 높아졌습니다.

EV

EV는 Enterprise Value로 기업가치를 의미합니다.

EV는 시가총액에 순차입금을 가산하거나 시가총액+이자부부채-현금및현금성자산으로 계산할 수 있습니다.

왜 이렇게 구하냐면, EV는 기업가치라고 했습니다. 기업을 인수한다고 가정하면 기업의 지분도 매입을 해야 하지만 기업이 보유하고 있는 채무도 인수해야겠죠.

주주와 채권자를 모두 고려하는 기업가치를 구해야 합니다.

EV = 시가총액 + 이자부부채 – 현금및현금성자산이라고 했습니다.

시가총액은 주식수에 현재 주가를 곱한 금액입니다. 이 부분에서 주주가치를 고려해 주게 됩니다. 이자부부채는 이자를 지급하는 부채를 의미하는 데 채권자에 대한 가치를 고려하는 부분입니다.

보유하고 있는 현금으로 부채를 상환할 수가 있기 때문에 EV 식의 마지막에서 현금및현금성자산을 차감합니다.

EV/EBITDA로 기업가치가 영업에서 현금창출능력 대비 몇 배인가를 확인할 수 있습니다.

이를 통해 기업들이 비교대상 기업의 EV/EBITDA 비율로 자신들의 기업가치를 추정하기도 합니다.

예를 들어, EBIT가 100인 우리 회사가 비슷한 업종의 EV/EBITDA를 가져와서 우리 회사의 가치를 확인 해 본다고 가정하겠습니다. EBIT인 100에 비교 EV/EBITDA 5를 곱하면 우리 회사의 EV, 기업가치를 500으로 추정할 수도 있습니다.

ROI

ROI는 Return on Investment의 약자로 투자수익률을 의미합니다.

순이익 / 총투자액 x 100으로 회사가 투자한 자본 대비 얼마나 순이익을 벌었는지를 확인할 수 있습니다.

ROA

ROA는 Return on Assets 의 약자로 총자산이익률을 의미합니다.

순이익/ 총자산 x100으로 회사가 보유하고 있는 자산을 활용하여 얼마나 순이익을 벌었는지 확인할 수 있습니다.

ROE

ROE는 Return on Equity의 약자로 자기자본이익률을 의미합니다.

순이익/자기자본 x100으로 회사가 자본을 활용하여 얼마나 순이익을 벌었는지 확인할 수 있습니다.

OCF

OCF, Operating Cash Flow의 약자로 기업의 영업활동에서 발생하는 현금흐름입니다.

$EBIT(1-t) + D$로 계산하는 데요, 벌어들인 이익에서 세금을 제거하고 현금유출이 없는 감가상각비를 더해서 계산합니다.

영업현금흐름에서는 투자와 관련된 현금흐름이 반영되지 않습니다.

이를 반영한 현금흐름을 FCF를 통해 살펴보겠습니다.

FCF

FCF, Free Cash Flow의 약자로 기업 잉여현금흐름이라고도 합니다.

FCF=OCF – CAPEX

= NI + D – CAPEX +/- 순운전자본증감

이렇게 표기를 많이 하는 데요, 영업활동현금흐름에서 자본적지출에 해당하는 CAPEX를 차감하거나 순이익에 감가상각비를 더하고 자본적지출을 차감하고 순운전자본 증감분을 가감합니다. 여기서 운전자본은 유동자산 – 유동부채로 많이 계산을 하는 데, 회사를 운영하는 데 들어가는 돈입니다. 예를 들어 매출채권 변동, 매입채무 변동, 재고자산 변동이 포함됩니다. 결국 영업으로 벌어들인 돈으로 설비 투자 등을 진행하고도 남은 돈이 얼마인지 확인할 수 있는지표입니다. 이러한 여유 현금을 가지고 주주 배당을 하거나 추가로 투자를 진행하거나 할 수 있을 것입니다.

CAPEX

CAPEX는 자본적지출, 설비투자금액 등으로 불립니다.

기업의 성장을 위해 투자하는 금액으로 투자한 금액만큼 기업 재무제표에서는 자산이 증가했을 텐데요, 현금흐름 입장에서는 결국 유출된 금액이기 때문에 FCF를 고려할 때는 자본적 지출 금액을 차감합니다.

현금흐름표에서 투자활동현금흐름 부분에서 확인할 수

있는 부분입니다.

매출채권회전율

앞에서 회사가 판매를 하였으나 외상으로 거래가 이루어진 경우 외상매출금, 받을어음 등의 매출채권이 발생한다고 했습니다. 이러한 매출채권이 영업주기 내에 얼마나 잘 회전하고 있는지를 나타내는 지표가 매출채권회전율입니다.

공식은 **매출액 / 평균매출채권((기초+기말) / 2))** 으로 계산합니다. 매출채권이 영업주기 내에 평균적으로 몇 번이나 현금으로 회수되고 있는지 확인할 수 있습니다.

매출채권회전율이 낮아지고 있다면 매출은 발생하나 대금이 현금으로 회수되고 있지 않다는 이야기고 과거 수치와 비교해보고 업종내 타 기업 수치와도 비교해보면서 회사의 특이사항이 있는지 확인해 봐야 합니다.

재고자산회전율

공식은 **매출원가/ 평균재고자산**으로 계산합니다. 재고자산이 팔리는 속도를 확인할 수 있습니다. 재고자산회전율이 높아지고 있다면 재고자산이 회사에 쌓이지 않고 계속 팔리고 있다는 뜻이니 좋은 신호겠죠. 이 역시 과거 수치와 비교해보고 업종내 타 기업 수치와도 비교해 보면서 회사의 특이사항이 있는지 확인 해 봐야 합니다.

영업이익률

영업이익률에 대해서는 많이 들어보셨을 텐데요, 공식은 **영업이익/ 매출액 x 100** 입니다.

매출액에서 매출원가를 차감한 금액이 영업이익이기 때문에 영업이익률이 높다면 반대로 원가율이 낮다는 이야기가 됩니다. 회사의 수익성을 확인해 볼 수 있는지표입니다.

역시 영업이익률도 업종 내 타기업 수치와도 비교해보고 회사의 과거 수치와도 비교가 필요하고 영업이익률 외의 다른 지표들을 참고하면서 기업 분석을 해야 합니다.

공헌이익률

비용에는 고정비와 변동비가 있습니다. 고정비는 판매량과 무관하게 일정한 금액이 발생하지만 변동비의 경우 판매량, 생산량에 따라 변동하는 비용입니다.

매출액에서 매출원가를 차감하면 영업이익이라고 앞에

서 설명했습니다.

　매출액 – 매출원가 = 영업이익

　원가를 고정비와 변동비로 구분해서 다시 생각해보면

　매출액 – 고정비 – 변동비 = 영업이익입니다.

　공헌이익은 매출액 - 변동비가 되고 **공헌이익률=(매출액-변동비)/매출액**입니다.

　고정비는 우리 회사가 얼마나 매출을 발생시키건 동일하게 발생하는 비용이기 때문에 우리 회사의 실질적인 영업에서 얼마나 이익을 내고 있는지 확인하기가 어렵습니다.

　따라서 매출액에서 변동비만 차감한 금액을 공헌이익이라고 부르고 실제 판매량에 따라 얼마나 수익을 내고 있는지 확인할 수 있습니다.

회계 첫걸음

ⓒ 정도희, 2024

초판 1쇄 발행 2024년 11월 22일

지은이   정도희
펴낸이   이기봉
검수   정재형
디자인   서승연
펴낸곳   도서출판 좋은땅
주소   서울특별시 마포구 양화로12길 26 지월드빌딩 (서교동 395-7)
전화   02)374-8616~7
팩스   02)374-8614
이메일   gworldbook@naver.com
홈페이지   www.g-world.co.kr

ISBN   979-11-388-3671-5 (03320)